10万円株ではじめる！

超速で億り人になる 株探㊙活用術

上岡正明／今亀庵／大陽線／たかゆ
テンバガー投資家X／はと55／HeyM

宝島社

目次

10万円株ではじめる！超速で億り人になる株探㊙活用術

編集●宮下雅子　カバーデザイン●渡邊民人
本文デザイン●鈴木貴之　DTP●ad-crew
編集協力●とりでみなみ、高水 茂、日野秀規、味岡啓二
イラスト●たまきちひろ

第1章
「億り人」になるための最速ロードマップ

上岡正明さん

Special Interview

資産1億円を作る「投資脳」とは?

儲からない「消費脳」から儲けの出せる「投資脳」へ。そこに投資のスキルを積み重ね、循環相場の大チャンスを摑めば、超速で億り人になれる!

株式会社フロンティアコンサルティング
代表取締役 上岡 正明

MBA保有の脳科学者・6億稼いだプロ投資家。「投資」と「脳」のスペシャリスト。(株)フロンティアコンサルティング代表取締役社長、放送作家・脚本家。MBA(情報工学博士前期課程)修了。多摩大学客員講師(2018〜19年)。一般社団法人日本認知脳科学協会理事。これまで上場企業や外資系企業を中心に1000社以上の広報PR支援、新規事業構築、外資系企業の国内外PRや海外プロモーションのコンサルティング、スウェーデン大使館やドバイ政府観光局などの国際観光誘致イベントなどを行う。チャンネル登録者23万人超(2023年9月末現在)の人気ユーチューバーとしても活躍中。著書多数。

経験値が「超速億超え」を可能にする

今回は「超速で億り人になる」という難しいテーマを与えられました。

私自身、投資に関してはまったくゼロからのスタートで、「億超え」を達成するまでには十数年の年月を要しました。そして投資23年目の現在は、不動産投資も含めて6億円の資産を築くまでになっています。

その意味では、私自身は「超速」で億り人になったわけではありません。しかし、この間に蓄積された経験値がありますので、仮に今からゼロベースで投資を始めて億の資産を築けといわれた場合、より「超速」でそれを達成する自信はあります。

そこで今回は、私なりの「超速億超え」の方法を、読者の皆さんにお教えしたいと思います。

ただし、「超速で億超え」という目標は1つでも、投資家の方々が置かれた状況は千差万別です。そこで、読者の皆さんが置かれたさまざまな状況に合わせて、まずは初心者が投資リテラシーを身に付けて株式市場で勝負できるようになるまでのステップをご紹介します。その上で、今からできるだけ短い期間で「億超え」を狙う方法を解説していきます。

億を稼げる「脳」と稼げない「脳」の違い

まずは投資初心者の方が行うべきことです。ただし、「自分は初心者じゃないから関係ない」と思う人も、一応目を通してみてください。特に、何年も投資をやっているのに儲からないという人は、思い当たる点が多々あるのではないかと思います。

私は『投資脳』（すばる舎）という書籍の中で、投資で儲かる人＝（「投資脳」の持ち主）と儲からない人＝（「消費脳」の持ち主）の違いを述べています。その違いを簡単にいうと、「日々成長している人と成長していない人の違い」です。仮に、**1日1％成長すれば、1年で38倍になります。**同じスタートラインを切ったライバルが日々何の成長もしなければ、1年で38倍の差がついてしまうのですから、これはとても大きな差ですね。ちなみにこれは、投資でよく使う「複利計算（※）」を用いた場合です。

実は株式投資の世界というのは、他の投資家との「イス取りゲーム」のようなもので、競争の世界です。投資家のセミナーに参加したり、オフ会などで一緒に飲んでいる投資家仲間も、実はみなライバルなのです。自分が5億円を稼いだら、その陰には100万円を損した投資家が500人いるわけです。

だから株式投資で勝つためには、いかにしてライバルに差をつけるかが大事になります。そこで大切なのが、「スタートダッシュ」です。スタートラインは一緒でも、そこからいち早く他人に抜きん出ることです。まずはこの意識を持つことが、「超速」で億り人になる秘訣です。

では、その大事なスタートダッシュで何をするかというと、まずは「**集中して学ぶ**」ということです。具体的には、今から**3カ月で30冊の投資本を読んでみてください。**ダラダラと時間をかけて本を読むのではなく、集中して読むのです。まずは30冊、1カ月に10冊のペースを3

カ月ぐらい続けてみましょう。お勧めの本はありません。とにかく書店やamazonで良さそうだと思う本を片っ端から読むのです。

それだけの量をこなすと、「こういう本が役に立って、こういう本は役に立たない」ということがわかってきます。**価値のあるものとないものを判別できるようになる**のです。初めのうちはすべてが価値のある本のように見えてしまいますが、価値の有無がわかってくると、その後は自分に必要な本だけを選ぶようになり、書籍代も時間も節約できます。

集中して読書することのもう1つのメリットは、「共通言語が見えてくる」ということです。「あらゆる本の中で語られていることは、こういうことなんだな」という共通のパターン、不変の原理原則みたいなものが見えてくるので、それを自分の中に取り入れるのです。**この時点で、すでに他人の半歩先を進んでいます。**

（※）複利：「投資の元本＋受け取った利子」に対して利子がつくこと。元本だけでなく利子に対してもさらに利子が発生するため、受け取る利子の金額も年々増えていく。一方、単利の場合は、元本に対して同じ金額の利子が積み重なっていくだけなので、金額は複利ほど増えない。

億り人の「失敗」を追体験する

集中読書の次は、マインドセットです。

誤解を恐れずにいえば、今、「投資家」といわれる人の多くは、株式投資で自分が成長しよと考えていません。超速で億り人になろうと思ったら、そこを逆手にとって、自分は他の投資家と違い、**株式投資で成長するんだ、という意志を固める**ことが大事です。

具体的には、株式投資を「ビジネス」と考えることです。株式投資というと、何か「副業」のようなイメージで、本業の片手間や、小遣い稼ぎ程度にしか考えていない人が多いと思います。しかし他人がそういう「ぬるま湯」にいる中でも、自分は真剣に勉強して、努力して、株式投資で成長しよう、儲けようという気持ちを持つだけで、成長のスピードが大きく変わってきます。

ビジネスと違い、株式投資は失敗しても、自己責任で自分が損をするだけなので、気楽にできるという面はあります。しかしビジネスの場合は、失敗すると自分だけでなく会社や周囲の人に迷惑をかけることになります。そのため、ビジネスにおいては、その失敗の原因を追究し、同じ失敗を繰り返さないための工夫をします。この**失敗と、それに対する反省・改善を繰り返す経験**が、実は株式投資においてとても重要なのです。

世の中にはよく、「失敗と成功」の違いを図1左のように考える人がいます。例えば株式投資において「今回の投資は成功した」「今回は失敗だった」というふうに、失敗と成功は「別物」と考えてしまうのです。そういう人は、最終的に大きな成功を得ることができません。ともすると、SNSやYouTubeにポップアップで出てくる「これだけやれば月100万円稼げる」というようなセミナーの広告を真に受けて、「ついに俺にも成功のチャンスがやって来た！」

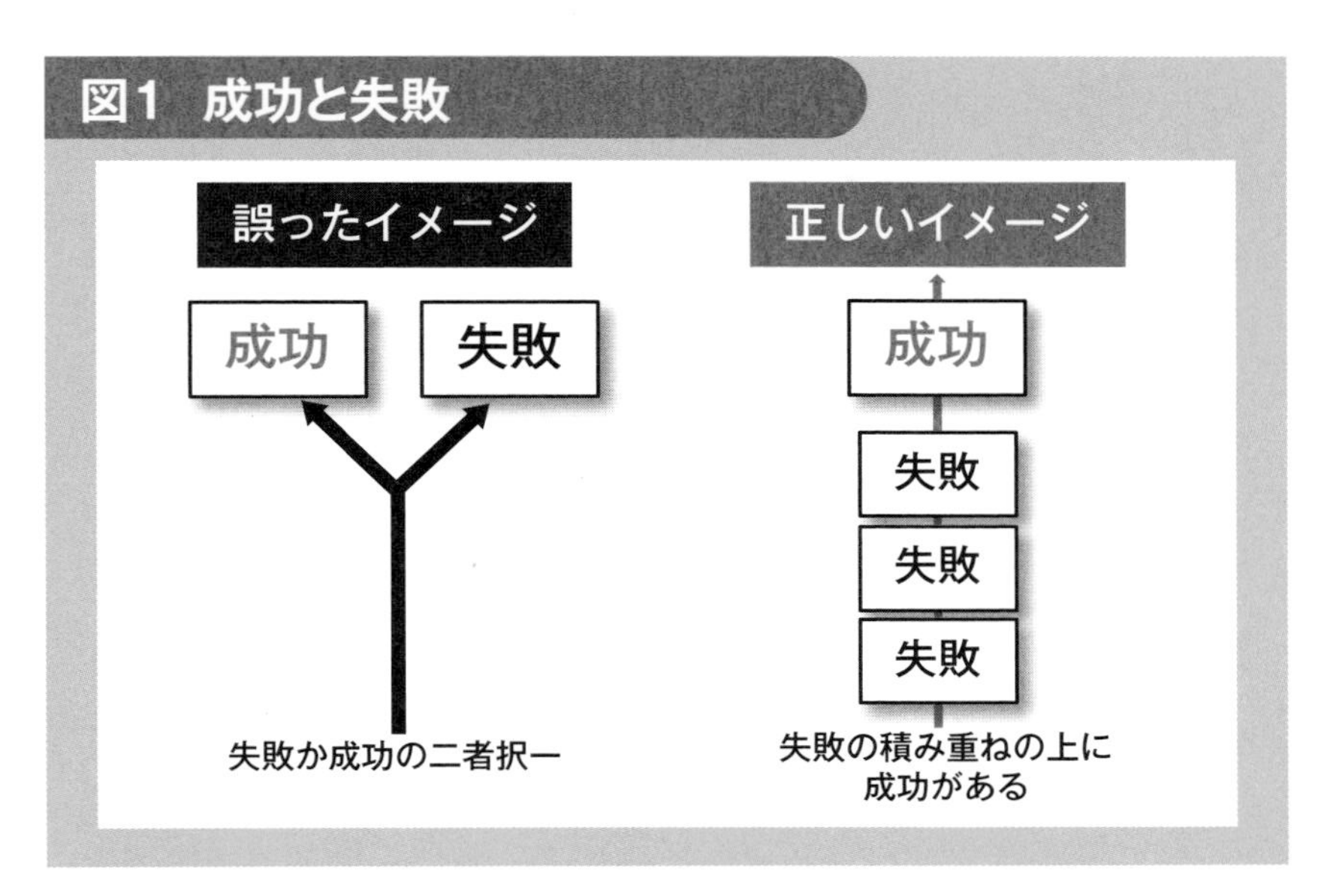

図1　成功と失敗

とばかりに巨額のお金をそこに投資し、最終的に大失敗をするパターンです。

本来、失敗と成功の関係は、図1の右のようなものです。道は成功と失敗に分岐するのではなく一本道で、**何度も何度も失敗を繰り返し、その先に大きな成功があります。**億り人といわれる人たちも、過去に何度も失敗をして、その失敗から学ぶことで、最終的に成功を摑んでいるのです。

株式投資では、この一本道の中に数多く出現する失敗をどう乗り越えていくかということが大切なのです。その経験値が、将来の投資の成功を生み出します。しかし「超速」で億り人を目指す場合は、それほど長い期間をかけて失敗を経験しているわけにもいきません。

そこでお勧めなのは、例えば本書に登場する**億り人の皆さんの「失敗の経験」に注目す**

ることです。本書以外でも、今書店の株式投資のコーナーには億り人といわれる著名投資家の本がたくさん並んでいますので、そういう人たちの「失敗」の部分だけを読んでみましょう。億り人たちが過去にどんな失敗をし、それをどんなマインドと手法で克服したのかという部分には、大きなヒントが隠されています。

そうすれば、わざわざ自分で失敗を経験しなくても、億り人の失敗を追体験することができ、非常にタイパ（タイムパフォーマンス）よく有益な知識を身に付けることができます。これも「超速」で億り人に近づくための有効な方法だと思います。

投資家ヒエラルキーにおける自分の位置を確認

こうしてスタートダッシュをきかせ、日々真剣に投資に向き合い、勉強する努力を続けることで、図2にあるように、投資家の中でも一段上のランクに上がることができます。図のBとCの境目が重要で、Cの投資家は、いくら投資しても儲からない人たち、Bの投資家は投資で確実に資産を増やしている人たちです。さらにAのランクの人たちは、投資で数十億〜数百億円の資産を築いているスーパー億り人の人たちです。

私たちが目指すのは、Aである必要はありません。Bで十分なのです。とにかくトータルでの利益をプラスにしていく。その場合、長くデフレが続いてきた日本の社会でも、これからはインフレが台頭してきますので、年3％の利益を上げたとしても、年4％のインフレになった

図2 投資家のヒエラルキー

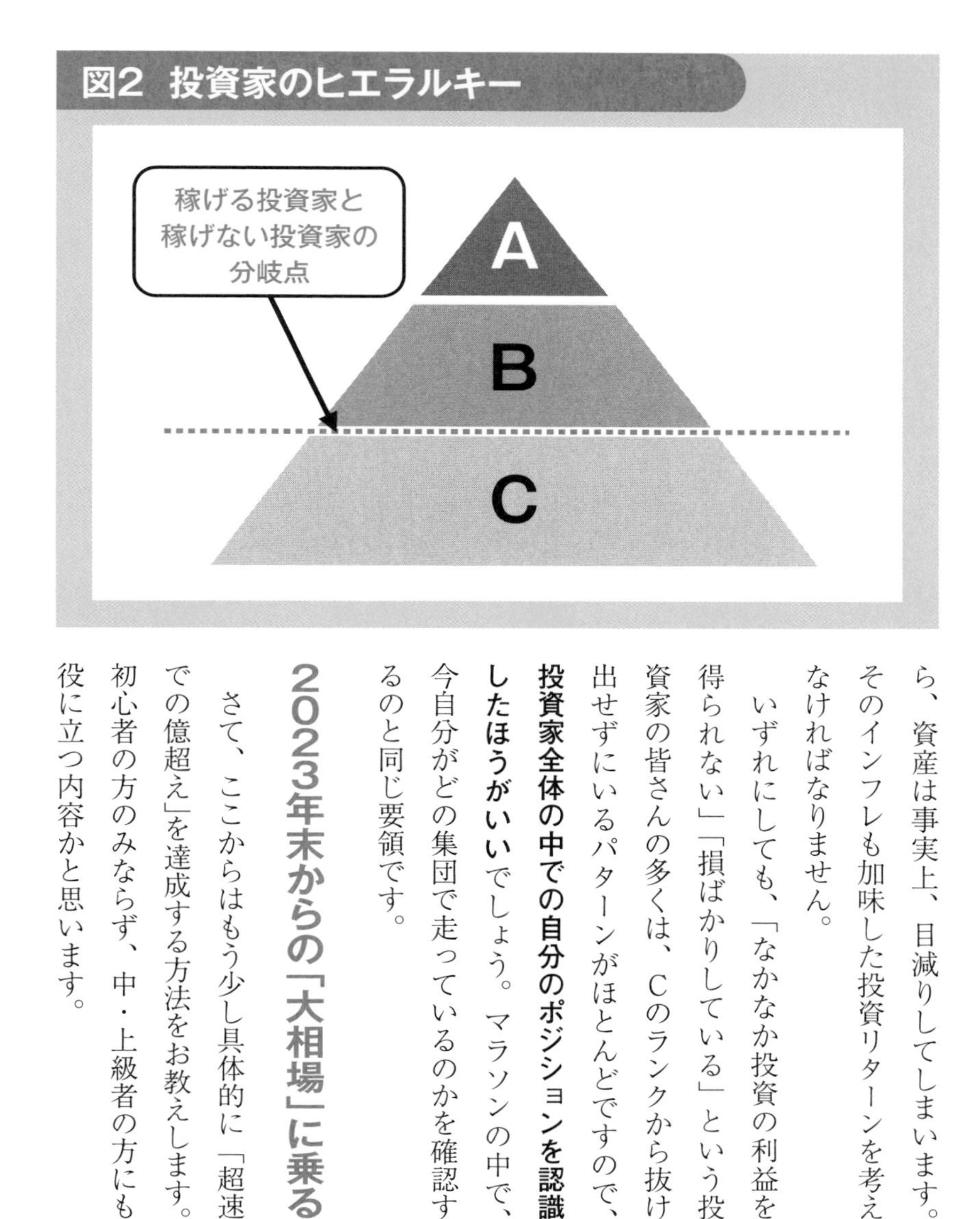

ら、資産は事実上、目減りしてしまいます。そのインフレも加味した投資リターンを考えなければなりません。

いずれにしても、「なかなか投資の利益を得られない」「損ばかりしている」という投資家の皆さんの多くは、Cのランクから抜け出せずにいるパターンがほとんどですので、**投資家全体の中での自分のポジションを認識したほうがいい**でしょう。マラソンの中で、今自分がどの集団で走っているのかを確認するのと同じ要領です。

2023年末からの「大相場」に乗る

さて、ここからはもう少し具体的に「超速での億超え」を達成する方法をお教えします。初心者の方のみならず、中・上級者の方にも役に立つ内容かと思います。

まず、**投資で大きく稼ぐ重要なポイントは、「相場の波に乗る」ということ**です。相場には波があり、長いスパンで見れば良い波と悪い波の繰り返しです。その「波の循環」で株式市場も動いています。

よくいわれる相場循環は、「金融相場」「業績相場」「逆金融相場」「逆業績相場」という4つのサイクルです。それぞれを簡単に説明してみましょう。

まず、企業の業績が悪化すると、政府や中央銀行は金融緩和を行い、市中に資金を流通させます。その資金は企業の設備投資や株式市場に向かいます。景気はまだ回復していないのに株価が上昇していく。これが「金融相場」です。

次に来るのが「業績相場」です。金融緩和の効果で企業の業績が回復し始めると、市場も活性化して株価も上昇します。

しかし、「業績相場」が拡大しすぎるとインフレが始まるので、政府や中央銀行は物価を安定させるため、金融引き締めを行います。金利が上昇すると、投資家の資金は株式から債券などに流れやすくなり、株価は下落の方向に向かいます。これを「逆金融相場」といいます。

そして、金融引き締めにより景気や企業業績が悪化して、株価が下がるサイクルを「逆業績相場」といいます。

最近の例でいえば、2020年春以降のコロナ禍で急激に悪化した相場が、各国中央銀行による未曽有の金融緩和で上昇した局面が「金融相場」といえるでしょう。その後金融引き締め

図3 相場の波に乗って大きく資産を増大

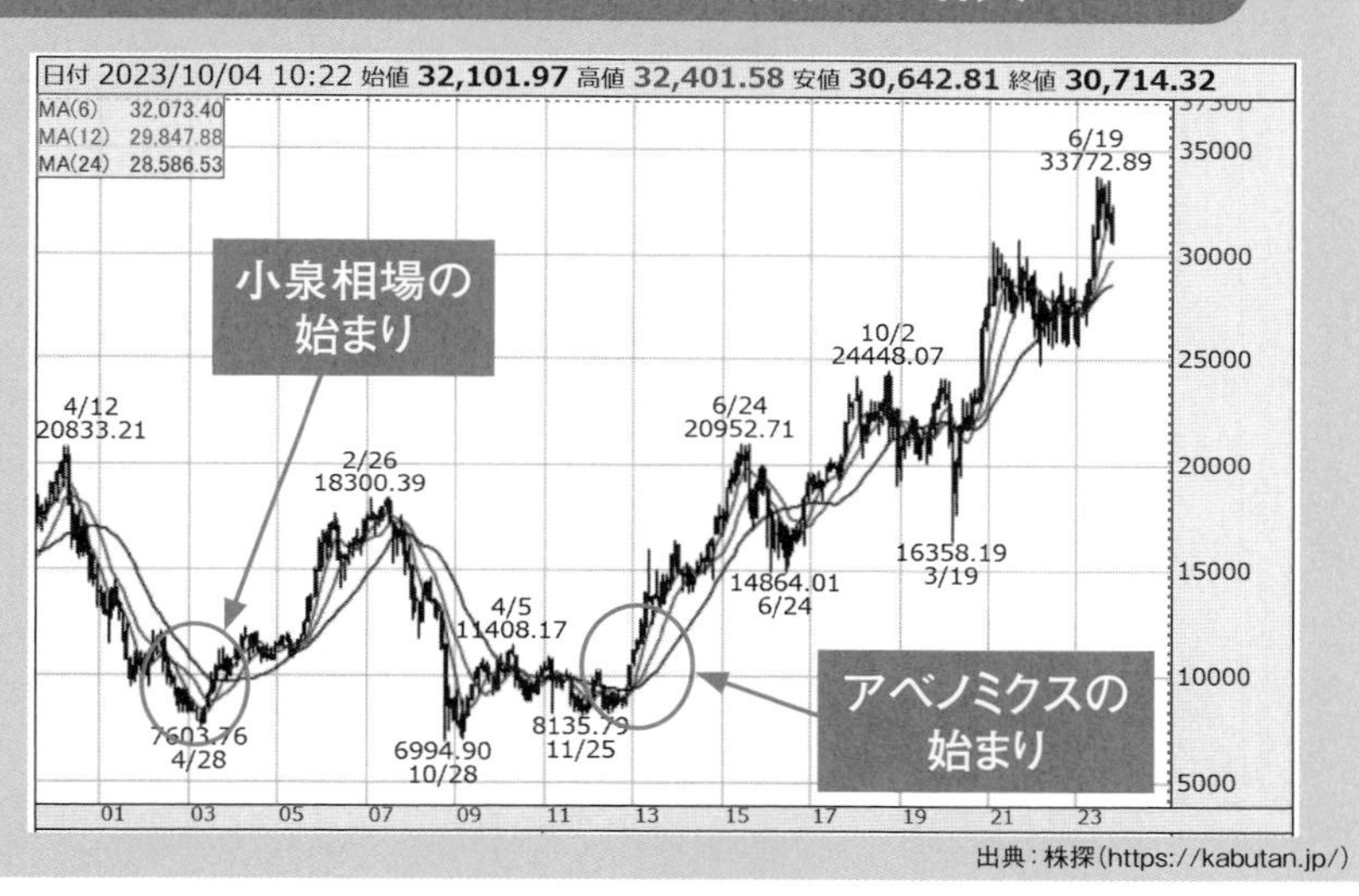

出典：株探（https://kabutan.jp/）

が始まり、株価が下落の方向で「逆金融相場」に入っているのが2023年後半くらいからの相場の状況ではないかといえます。

株式市場は、この4つのサイクルを繰り返してきましたが、日本の株式市場も基本的にはこのような循環相場で動いています。

実は私もこの循環相場の「大波」に乗って、一気に資産を増やし、最終的に億り人の仲間入りをしています。最初は2003年頃からの小泉純一郎内閣での「小泉相場」、2回目は2012年に安倍晋三内閣が発足して以降の大相場であるアベノミクスのときです。

相場には、先に挙げた4つの循環のほかに、8年サイクル、10年サイクルのような期間的な循環の目安があり、だいたい7～8年かけて上昇、その後3年かけて下落するという傾向があります。そして、そのサイクルでいうと、そろそろ日米ともに相場が下落局面に入ってもおかしくない時期に来ています。下落というより、リセッション（景気後退）を伴う暴落の可能性もあります。

ただしその暴落の波が来る前に、一時的な相場の上昇局面があるのではないかと私は見ています。その理由をいくつか挙げてみます。

①バイデン政権の政策動向

２０２４年11月5日に、米国の大統領選挙が行われます。もともと米大統領選挙の前の1年くらいは株価が上がりやすいといわれていますが、再選を目指すバイデン大統領は、減税などの「バラマキ政策」を行う可能性が高いと思われます。それはとりも直さず、株高への大きな原動力となるでしょう。

②アノマリー

２つ目はアノマリーといわれる季節性の要因です。２０２３年の11月から12月くらいにかけては、「クリスマスラリー」という要因で株価が上がりやすくなっている。２０２３年の年末も、その点は例年と変わらないと考えます。

③利上げの終わり

コロナバブル以降、ずっと利上げが行われてきたため、米国の不動産市場がかなりヤバいことになっています。不動産の新築・中古ともに、リーマン・ショックの頃よりも売買が冷え込

図4 日経平均とNYダウの推移

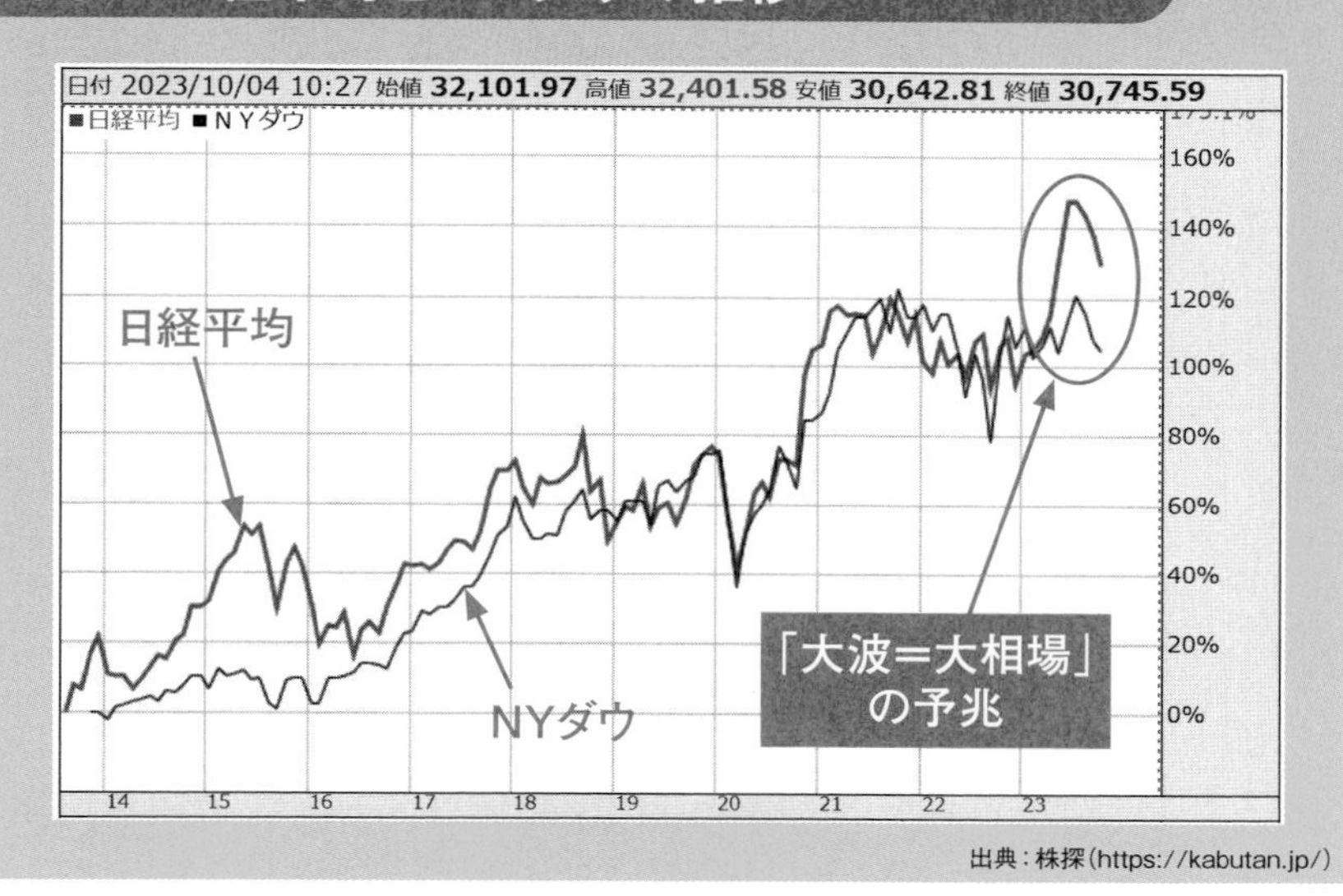

出典：株探（https://kabutan.jp/）

んでいるのです。これはやはり利上げに伴う住宅ローン金利の上昇が背景にあります。そのため、これ以上利上げをすると中国のように不動産から経済が崩壊する可能性があるので、その前に利上げをいったん終了するのではないかという見方が有力です。

④新NISA開始

２０２４年から新ＮＩＳＡ（非課税制度）が始まります。政府が株式市場への資金流入を促す目的で、個人投資家を増やすために鳴り物入りで始める制度です。実は、この制度が始まったからといって、市場への資金流入はそれほど変わらないだろうという試算も出されています。しかし株式相場は「ムード」で動きますので、お祭りのような新ＮＩＳＡの導入は、相場を押し上げる要因にはなると考えられます。

これらの要因から、2024年末くらいまで上昇相場の局面が現れるのではないかと考えていますが、その後はリセッションの可能性が高いと思います。バイデン大統領は当選すればその後思い切った政策を打つこともないでしょうし、指標的にも景気後退の目安とされるイールドカーブの長短金利逆転現象が起こり始めています。

逆にいえば、**2024年末までの最後の「大波」に乗ることが、今から「超速の億超え」を達成する上での近道**ということになります。

相場の大波＋信用取引で一気に資産を増やす

相場の「大波」の話をしましたが、この**大波を利用してさらに大きく資産を増やすのに効果的な手段が信用取引**です。

私は基本的に、投資は入金力を高めて現金資金で行うべきだと思っていますが、今回は「超速で億超え」というテーマに応えたものですので、その前提でお読みください。

短期で大きな資産を築くためには、レバレッジをかけて大きく投資できる信用取引が有効です。株式投資の場合は、自己資金の3・3倍までレバレッジをかけることができます。手持ち資金が100万円の人はテンバガーを当てても1000万円ですが、300万円で同じ銘柄を買えば、資産は一気に3000万円に増えます。

やはり短期か長期かを問わず、投資家として億単位の資産を目指す場合は、どこかで必ず「勝負」をかけなければならない瞬間があります。私もアベノミクスのときに勝負をしたことが、その後の資産5億円までの道を拓いています。したがって**相場の上昇局面がある程度読めている場合は、思い切って勝負をかけるのが「億超え」への近道**でしょう。

問題は、その勝負所を間違えない、ということです。信用取引の場合は、「タイミングが7割、銘柄が3割」です。その意味では前述したように、2023年末から2024年末にかけての相場が、直近での「大波」、つまりは勝負所かもしれません。しかしこれはあくまでもさまざまな要因を加味した上での「予測」にすぎません。予想外の要因が発生して、相場が思わぬ方向に動くこともあります。そこで、この勝負所で買うポイントをもう少し細かく説明します。

「絶好のタイミング」に対する思い込み

大相場の「大波」に乗って大きく資産を増やす場合、基本的にはトレンドに追随する「順張り」よりも、トレンドの転換点で買う「逆張り」のほうが、大きく稼ぐ可能性が高いといわれています。株価が底に限りなく近づいたところで買い、その後反発して値上がりしたとき、なるべく高値で売るのです。そこでのポイントは、**株価の転換点を見極める**ことです。

その際、多くの個人投資家は、株価が十分に下がったので、この辺が買い時だろうと安易に考えて失敗します。ヘッジファンドなどの大口投資家が、さらに売りつないで株価を下げてくるからです。彼らは空売りを仕掛けて株価を下げてきますが、利益を確定するためにいったん買戻しをします。そこで株価がいったん下げ止まりますが、それで「底を打った」と勘違いした個人投資家がいっせいに買いを入れたとたん、再び大口が空売りを仕掛けて、株価はさらに下がっていくのです。

先に「他の投資家はすべてライバル」といいましたが、個人投資家にとって最大かつ最強の敵は、海外の機関投資家やヘッジファンドなどの大口投資家です。彼らの行動を把握しておくことは、株式投資において重要なポイントです。そうしなければ、株価の転換点を見誤って全力投資した結果、資産を増やすどころか大きな損失を出してしまうということになりかねません。

さらにこういう場面で信用取引を使っていると、最悪の結果になります。3・3倍の取引ができるということは、損失も3・3倍になって跳ね返って来るからです。ですから信用取引は、絶好のチャンスで使う「最後の手段」として用意しておくべきです。

そこで、私が皆さんによくお話しする教訓が、**「絶好のタイミングは、自分の『絶好』の後にやって来る」**というものです。要するに、急がず慌てず、資金の余力を確保しつつ、ゆっくりと勝負所を待つということです。「ゆっくり」といっても、何十年も先の話ではありません。長くても1~2年程度ですから、「超速での億超え」にも大きな影響はありません。

仮に株価の転換点を逃してしまったとしても、その後株価が上昇していくのであれば、それに追随して「順張り」の手法に切り替えればいいのです。株価は「下げ」のほうが「上げ」よりも足が速いです。とくに下げの最終局面では「セリングクライマックス」といって、投資家が弱気

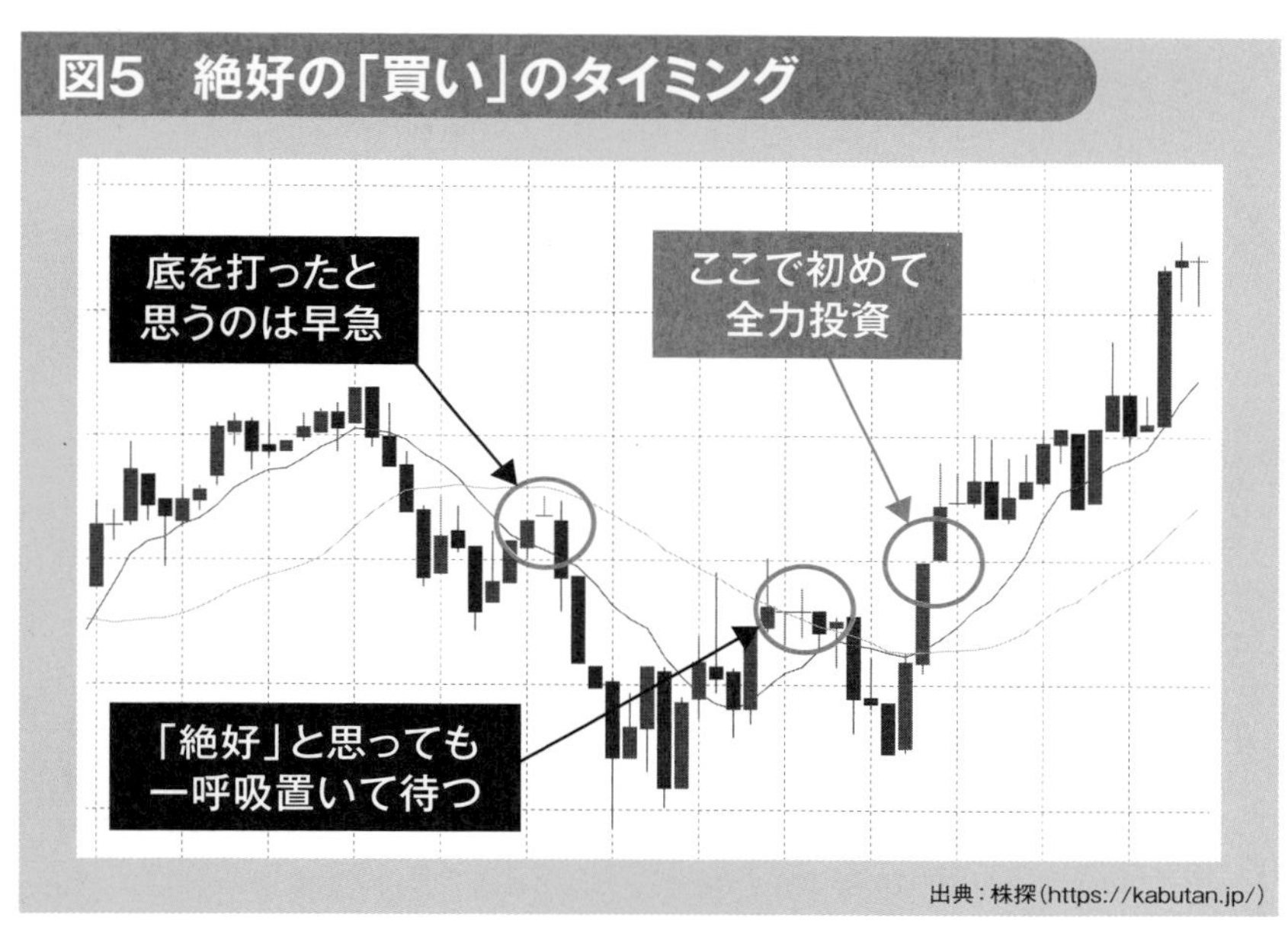

出典：株探（https://kabutan.jp/）

になり、一斉に大量の売り注文を出して、株価が暴落します。しかし、売り込まれたのちは需給が好転するので、そこで株価が上昇し始めたときに買っても十分に利益は出せます。

私がお勧めする勝負所は、このあたりです。つまり、自分が「絶好」と思ったタイミングからさらに一呼吸おいて、株価が下げ切った後、上昇に転じたポイントです。一気に資産を増やしたい人は、このタイミングで信用取引も使って全力投資するのがいいでしょう。

このほかにも、「超速での億超え」を目指す手法はいくらでもありますが、本書では他の億り人投資家の方々を詳しく紹介されていると思いますので、詳細は省きます。もし上岡流の投資の技術についてより深く知りたい方は、YouTube動画（「上岡正明」でYouTubeを検索）なども参考にしてください。

「超速」で億り人

投資初心者は「10万円株」から始めて「億超え」を目指そう

時間的余裕がある人はインデックスでもいいが……

株式投資で「億」の資産を築くだけでも大変なのに、それを「超速」で行うとなると、ハードルはさらに高くなります。

では、一体「超速」とはどのくらいの期間を指すのでしょうか?

これは当然ですが、どれだけの資金を投資に回せるかということにもよります。例えば5000万円の投資資金がある人は、2倍になる銘柄を買うだけで1億円に到達するわけですが、1年で2倍になる小型株などを見つけるのは、それほど困難なことではありません。

しかし、元手が100万円くらいの場合は、ある程度リスクを冒して投資をしなければ、1億円に到達するまでに何十年もの期間を必要とするでしょう。

仮に100万円の投資資金で、1年以内の「億超え」を目指すなら、かつてのガンホー・オンライン・エンターテイメント（3765）のような「100バガー（100倍株）」を買うしかありません（図6）。このような銘柄に行き当たるのは一生のうちに1度くらいの低い確率です。投資手法云々以前に「運」の問題ともいえるでしょう。

図6 「億超え」までのパターン❶

「億超え」に至る期間と方法
（元手100万円から）

難易度

●超・超速（1年以内）で「億超え」

「ガンホー」のような100倍株を狙う

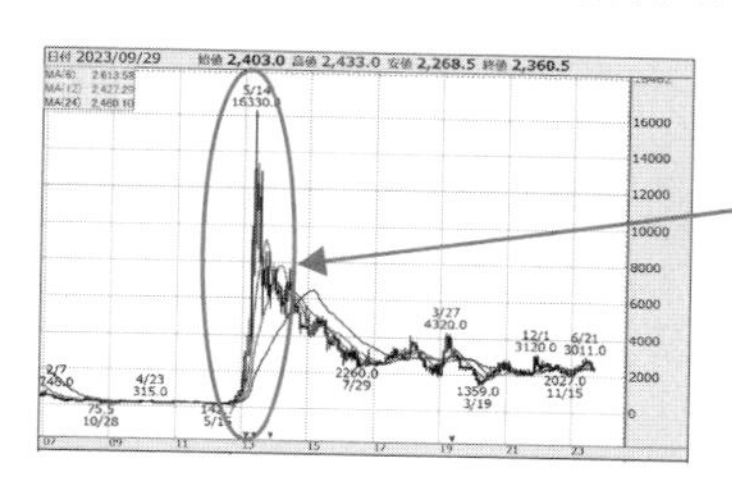

100倍!

●超速（1〜2年）で「億超え」

テンバガー（10倍株）を2年連続で当てる

	1年目	2年目
	1000万円	1億円

100万円

仮に期間を2年に延ばした場合、わかりやすい例は、2年連続でテンバガー（10倍株）を当てることです。1年目で1000万円、2年目で1億円になります。しかし、テンバガーになる銘柄の多くはある程度の期間をかけて株価が10倍になるのであって、1年で株価が10倍になる銘柄に行き当たるのも、そう簡単なことではありません。

では、期間を5年に延ばしたらどうでしょうか？　100万円の元手で、毎年株価が3倍程度になる株を買って毎年回していけば、5年以内に1億円になります。もちろん、1年で株価が3倍になる銘柄を、ピンポイントで見つけることも、相当困難なことでしょう。しかし、ここまでくると、ハードルの高さはより現実的になってきた感じがします。

そして、その「現実的な億超え」の期間は、やはり10年くらいになるようです。年利30％くらいのペースで資産を増やしていけば、10年後には1300万円程度になります。これは利益を再投資する「複利」も使った計算です。そこで、毎年11万円ずつ入金していくと、10年後には1億円を達成します（アセットマネジメントＯｎｅ「資産運用かんたんシミュレーション」で計算）。

もちろん、これらは「元手100万円」という条件でのシミュレーションですので、仮に元手が1000万円あれば、年間20％の利回りで運用し、毎月10万円入金していけば10年で資産1億円に到達します。そのほか、より短期の「億超え」を目指す人は、テクニカル指標を駆使してデイトレなどで短期の売買を繰り返す方法や、信用取引でレバレッジをかけてより多くの

図7 「億超え」までのパターン❷

「億超え」に至る期間と方法
（元手100万円から）

難易度

●可能性のある（5年以内）「億超え」

毎年「3倍株」を当てる

100万円

1年目 300万円

2年目 900万円

3年目 2700万円

4年目 8100万円

5年目 1億円超

●実現可能（10年以内）な「億超え」

途中入金しながら年利30％程度で回す

100万円

10年目 1億円

値上がり（値下がり）益を狙う方法もあるでしょう。

いずれにしても、短期間で「億超え」を目指すほど大きな利益を上げるためには、それ相応のリスクも伴うということだけは、肝に銘じておかなければいけません。

初心者は「10万円株」から始めて経験を積もう

本書では、実際に億の資産を築いた「億り人」の投資手法を紹介することで、「超速での億り人」を目指す方々のために有益な情報を提供します。しかしながら、投資の初心者がすぐに億の資産を築けるほど、株式投資の世界は甘いものではありません。

そこで初心者の方は、まず本書のタイトルにもある「10万円株」、つまり**10万円で買える程度の株から投資を始め、経験を積む**ことをお勧めします。日本の市場に上場している株式のほとんどは１００株が最低売買単位になっていますので、「10万円株」は、株価１０００円近辺の株ということになります。このくらいの金額であれば、仮に狙いが外れて株価が下落しても、それほど大きな損にはならないからです。また、こうした低位株（株価の安い銘柄）には、まだ規模が小さく、これから株価数倍に成長する銘柄もたくさんあります。

まずは低位の小型株から売買を始めて経験を積み、そこから徐々に投資の幅を広げて、「億り人」を目指してみましょう。回り道のようでも、そのほうが失敗を少なくし、より「超速」で資産を増やす道につながるはずです。

第2章

億り人投資家が語る、超速で億り人になるための投資術

第2章では、実際に「億」の資産形成を経験している「億り人」投資家たちが、自身の投資経験と投資手法を紹介します。合わせて「超速」で億り人になるための可能性を追究し、そのためのシミュレーションを立てています。

これから資産「億超え」を目指す読者の皆さんには、これらの手法を参考にし、自分にあった投資手法と、「億超え」を目指すまでの目標期間を設定し、今後の資産形成に役立てていただければ幸いです。

ページの見方は左ページを参考にしてください。なお、「超速億超え」のシミュレーションは、必ずしも登場する億り人投資家の実績と同じではありません。億り人投資家も、さまざまな失敗を経て「億超え」を達成していますので、億り人になるまでにはそれなりの期間を要しています。しかしその経験を元に、「仮に今から投資を始めたら」という前提でシミュレーションしていますので、その点はご理解ください。

図8 第2章の活用法

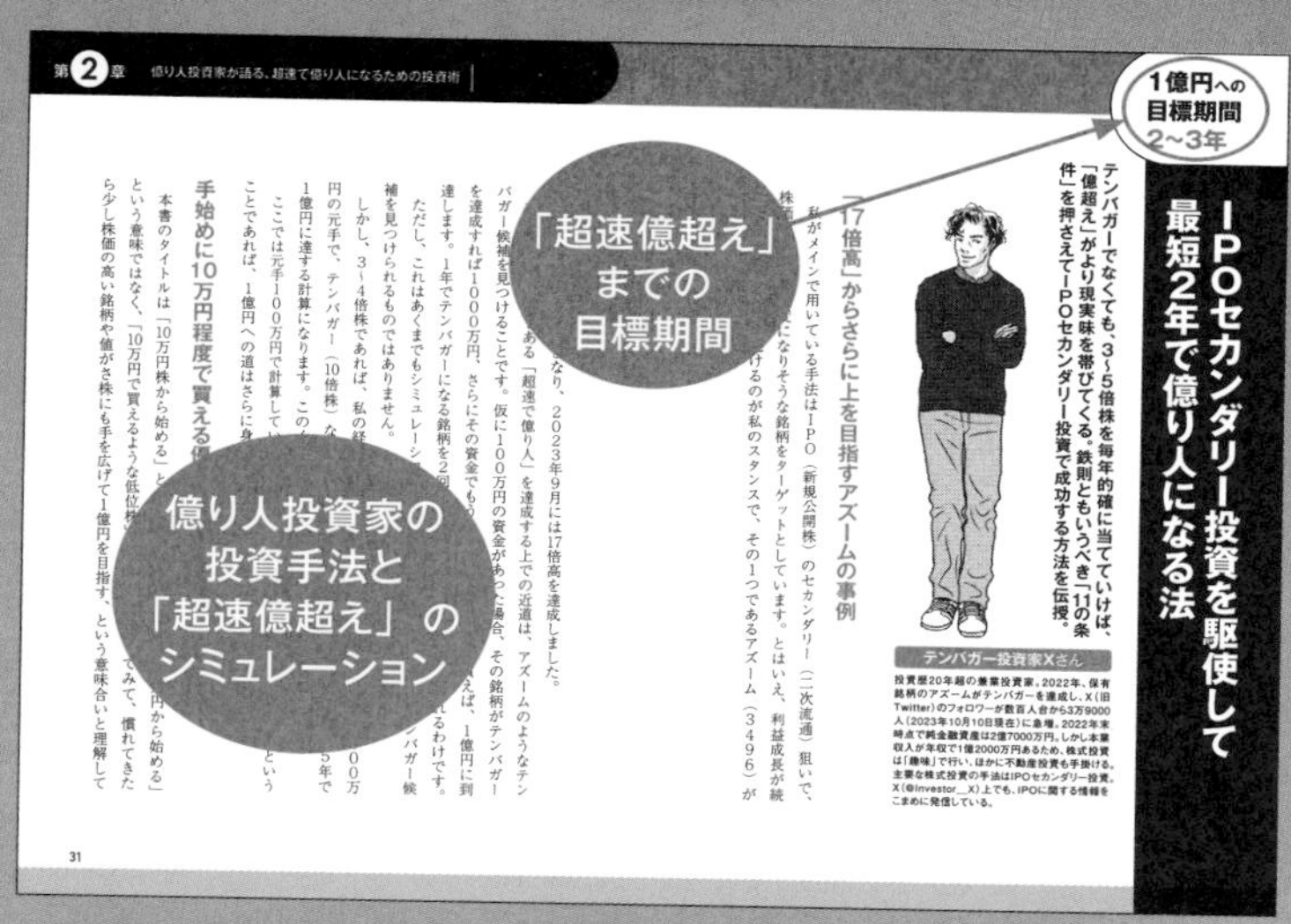

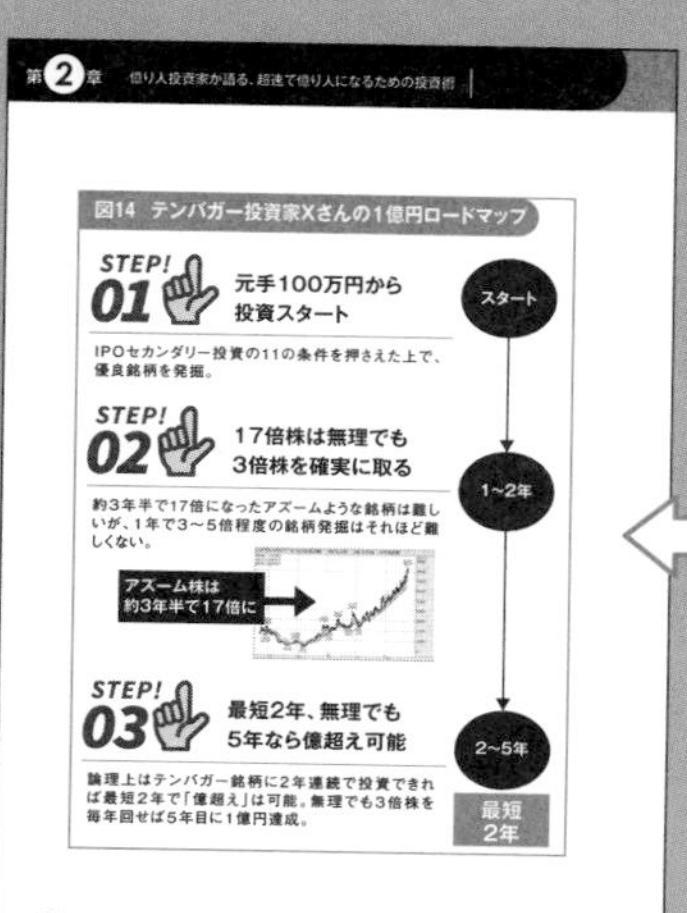

「超速」で億り人になるための3ステップ

本文で億り人投資家の投資手法と「超速億超え」のシミュレーションを紹介し、最後に超速で1億円を達成するための「3ステップのロードマップ」を示しています。これから「億超え」を目指す人も、これらを参考に、自分にあった投資期間と手法を見つけてください。

テンバガーでなくても、3～5倍株を毎年的確に当てていけば、「億超え」がより現実味を帯びてくる。鉄則ともいうべき「11の条件」を押さえてIPOセカンダリー投資で成功する方法を伝授。

テンバガー投資家Xさん

投資歴20年超の兼業投資家。2022年、保有銘柄のアズームがテンバガーを達成し、X(旧Twitter)のフォロワーが数百人台から3万9000人(2023年10月10日現在)に急増。2022年末時点で純金融資産は2億7000万円。しかし本業収入が年収で1億2000万円あるため、株式投資は「趣味」で行い、ほかに不動産投資も手掛ける。主要な株式投資の手法はIPOセカンダリー投資。X(@Investor__X)上でも、IPOに関する情報をこまめに発信している。

「17倍高」からさらに上を目指すアズームの事例

私がメインで用いている手法はIPO(新規公開株)のセカンダリー(二次流通)狙いで、株価が3～5倍程度になりそうな銘柄をターゲットとしています。とはいえ、利益成長が続く限りはずっと保有し続けるのが私のスタンスで、その1つであるアズーム(3496)が

2022年にテンバガーとなり、2023年9月には17倍高を達成しました。

本書のタイトルにもある「超速で億り人」を達成する上での近道は、アズームのようなテンバガー候補を見つけることです。仮に100万円の資金があった場合、その銘柄がテンバガーを達成すれば1000万円、さらにその資金でもう一度テンバガー銘柄を買えば、1億円に到達します。1年でテンバガーになる銘柄を2回買えば、最短2年で「億り人」になれるわけです。

ただし、これはあくまでもシミュレーション上の話で、現実にはそんな簡単にテンバガー候補を見つけられるものではありません。

しかし、3~4倍株であれば、私の経験から、年に3~4銘柄は発掘しています。100万円の元手で、テンバガー（10倍株）なら最短2年ですが、4倍株ならその2・5倍の5年で1億円に達する計算になります。このくらいなら、グッと現実味が増してきますね。

ここでは元手100万円で計算していますので、もし元手が200万円、300万円ということであれば、1億円への道はさらに身近になります。

手始めに10万円程度で買える優良IPO株を物色

本書のタイトルは「10万円株から始める」となっていますが、これは「10万円から始める」という意味ではなく、「10万円で買えるような低位株」から手始めに買ってみて、慣れてきたら少し株価の高い銘柄や値がさ株にも手を広げて1億円を目指す、という意味合いと理解しています。

なぜなら、10万円の元手で1億円を目指すには、相当長い年月を必要とするからです。現実的な目安として、最低でも100万円、可能であれば200～300万円の元手は用意しておきたいところです。これは乗用車を1台買うくらいの値段ですから、普通のサラリーマンであれば、それほど難しい金額ではないと思います。

たしかに投資初心者の方は、まず手ごろな低位株を買って経験を積むことも大事かと思います。実はIPOセカンダリー投資の対象として私が目を付けている銘柄の中にも、株価が1000円程度の「10万円株」がありますので、いくつか紹介しましょう。

1つは、2023年10月に上場したニッポンインシュア（5843）という会社で、賃貸住宅などの家賃債務の保証を行う家賃債務保証サービスを手掛けています。

賃貸の住宅やマンションに住む場合、基本的には連帯保証人が必要となります。これは借主（賃借人）が家賃を払えなくなったり、設備を破損したりしてしまうなど、何らかの問題が起きたとき、滞納した家賃や修理費などを肩代わりする責任を負う人です。

しかし高齢者や外国人の場合、なかなか連帯保証人を見つけるのが難しいという問題があります。そこで最近では、連帯保証人の代わりに、貸主（賃貸人）と借主の間にニッポンインシュアのような保証会社を入れて、契約を結ぶのです。

借主はその保証会社に家賃の0・5カ月分程度の「保証料」を支払います。その代わり借主

図9 ニッポンインシュアの業績推移

今期の業績予想

通期　業績推移　修正履歴　成長性　収益性　1Q　2Q　3Q　4Q

決算期	売上高	営業益	経常益	最終益	修正1株益	修正1株配	発表日
▽閉じる							
2018.09*	1,236	—	119	77	38.6	20	—
2019.09*	1,508	—	203	148	74.0	0	—
2020.09*	1,735	—	148	100	50.3	0	—
2021.09*	2,169	193	193	105	52.6	0	—
2022.09*	2,604	396	406	255	127.7	0	—
前期比	—	—	—	—	—		

(%)

出典：株探（https://kabutan.jp/）

が家賃を滞納した場合などは、貸主である大家さんに賃料相当分の保証料が振り込まれます。

今後、高齢化社会の進展や外国人労働者の増加に伴い、こうした保証サービスはさらに増えていくと見込まれます。また、賃貸契約更新の際にも更新料が入ってくるので、一種のストックビジネスのような形で定期的に売上が確保できるのも、このビジネスの手堅いところです。実際、ニッポンインシュアの場合は、業績も右肩上がりで上がっています（図9／2023年9月末現在）。同社は現在、福岡を地盤にビジネスを展開していますが、営業範囲を広げていけば、さらに売上・利益の増加が見込めるでしょう。公募価格は810円であり、それほど前評価は高くないので、初値は1000円くらいだろうと予想しています。本書が発売されるころには、もう少し株価も上がっているかもしれません。また、将来数倍～テンバガーになる条件の一つである「時価総額が低い」というところも魅力です。

ニッポンインシュアと同じ業態で、全保連（5845）

も上場しますが、こちらも想定価格は1000円以下だと見られています。ただしこちらは時価総額が167億円と少し高めなので、テンバガーまでは行かないかもしれませんが、株価数倍は狙えるかと思っています。

投資人生を変えたIPOセカンダリー投資

すでにある程度投資の経験がある方なら、10万円株にこだわらず、より購入する銘柄の幅を広げていってもいいでしょう。そこで銘柄選びの方法の1つとして、私のメインの投資手法であるIPOセカンダリー投資をご紹介します。

なぜなら、IPOセカンダリー投資は、自身の経験からも、株価が比較的短期で3～5倍程度、場合によってはテンバガーになる銘柄を探しやすい手法だからです。言い換えれば、「超速」での億超えを達成するのに向いている方法ともいえるのです。

実は私自身も、この投資手法に出会う前は、かなり試行錯誤を繰り返していました。私のトレード歴は約20年以上に及びますが、最初から順風満帆だったわけではありません。

投資を始めたのは、大学生だった2003年、奨学金を元手に株式投資を始めました。しかし2006年のライブドア・ショックや、2008年のリーマン・ショックなど、数々の難局と遭遇して元手を減らすばかりでした。手を出した新興企業が次々と上場廃止になり、それに懲りて大型株にターゲットを切り替えたのですが、そちらもことごとく失敗しました。

2012年の12月にはイー・アクセス（2015年にソフトバンクが吸収合併）で初のダブルバガーを達成したものの、それから勝ち続けたわけではありません。その後のアベノミクス相場には完全に乗り遅れてしまい、700万円の元手はどんどん減少、2020年3月にはコロナショックまで発生し、取引口座の残高がついに100万円を割り込んでしまいました。

IPO銘柄を狙い撃ちするセカンダリーの手法と出会ったのが、ちょうどその頃です。本当に飛躍を期待できそうな銘柄に的を絞った上で、初値をつけた後に割高ではない水準で仕込むというこの手法が、私の投資人生をガラッと好転させました。

コロナ禍を克服して世界的に経済活動が再開されるのに伴い、私がこの手法で買った銘柄も順調に株価が上昇傾向を示し、アズームのようなテンバガー銘柄も発掘できたのです。

では、この投資手法の中身について説明したいと思います。

IPOセカンダリー投資で成功するための11条件

日本の株式市場において、年間の新規上場数は90～100社程度に達するといわれていますが、その中で私がセカンダリーで取得するのは5～10銘柄程度、つまり、最大でも新規上場銘柄の約1割にとどめています。それだけ銘柄を厳選しているので、株価が数倍以上になるものもたくさん出ています。

かなりの高確率で狙い通りの成果が得られているのは、リスクを抑えながら着実に株価が数倍になるＩＰＯ銘柄を探し出しているからです。その前提として、私は次の11の選定条件を定めています。

①上場後1年以内の銘柄に絞る
②ストック型・多店舗展開型のビジネスモデル
③売上は過去数年間にわたって右肩上がり
④営業利益・純利益が伸び続けている
⑤黒字である（赤字企業は買わない）
⑥業界トップシェア・オンリーワン企業
⑦保証ビジネス
⑧サービス業、情報通信業に業種を絞る
⑨時価総額２００億円以下
⑩創業社長が大株主
⑪ＰＥＲ（株価収益率）40倍以下（できれば20倍以下）

この11の条件は重要かつ簡単に実行できるものですので、ＩＰＯセカンダリー投資に挑戦したいという方は、ぜひ覚えておくといいと思います。項目だけではわかりにくいかもしれませんので、順番に説明していきます。

①上場後1年以内の銘柄に絞る

これは、効率的に株価が数倍になる銘柄を選び当てるための条件です。ＩＰＯセカンダリー投資について説いた書籍などでは、「上場後5年以内」などといったように、もっと対象を広げているケースも見受けられます。それも一考かもしれませんが、私の場合は上場承認が出た時点でチェックし、自分で定めた条件を満たした銘柄だけを監視し続けるようにしています。約３９００社（２０２３年9月21日現在）に上る全上場企業の中からテンバガーの候補を見つけ出すのではなく、最大でも年間１００社程度にすぎない上場後1年以内のＩＰＯセカンダリーにターゲットを絞り込んだほうがはるかに効率的なのです。

②ストック型・多店舗展開型のビジネスモデル

これは、11の選別条件の中で最も重要な意味を持っています。長期的なスパンで見れば、やはり株価は業績を反映した推移を描くからです。

その意味では、売上が拡大の一途を辿り、それに連動して利益もずっと伸びていくことが見込まれるビジネスモデルであることが、「億超え」の重要な要素になります。そして、右肩上がりの業績拡大を期待できる典型例として挙げられるのは、「ストック型のビジネスモデル」です。

「ストック型のビジネスモデル」とは、商品やサービスを継続的に利用してもらうプラットトフォームを構築し、定額制や従量課金制の料金設定で継続的に収益が得られるというものです。つまり、売上の積み上げを前提とする収益継続方式のビジネスモデルなのです。例えば会員制のサービスで解約率も低水準であれば、営業を続けていくにつれて売上と利益が右肩上がりを描いていくことを期待できます。具体例を挙げれば、不動産賃貸や携帯電話、ＩＳＰ、サブスクリプション、保証ビジネス、保守・管理などといったところです。先ほど紹介したニッポンインシュアなども、ストック型のビジネスモデルですし、実際に私が保有しているアズーム（３４９６）をはじめ、ＭｏｎｏｔａＲＯ（３０６４）やジャパンエレベーターサービスホールディングス（６５４４）などは、テンバガーの仲間入りを果たしています。

一方、店舗や支店が増えるのに伴って販売エリアが拡大し、売上と利益の伸びを期待できるのが多店舗展開型のビジネスモデルです。繁盛する店を築き上げたうえで、それを全国的に増やしていけば、業績が右肩上がりで推移していく可能性が非常に高くなります。その実例は、コンビニエンスストアやアパレル、老健施設、介護施設、保険商品の販売代理店などです。顧客から強烈な支持を集める店を持ちながら、まだ本格的に多店舗展開を行っていないという会社が狙い目となります。

現に、アズームの場合は、多店舗展開型のビジネスモデルにも該当します。テンバガー銘柄のチャーム・ケア・コーポレーション（６０６２）や、ユニクロのファーストリテイリング（９９８３）も同様です。多店舗型のビジネスモデルでテンバガーと化した銘柄といえば、立ち食いステーキの「いきなり！ステーキ」が大ブームとなったペッパーフードサービス（３０５３）を連想する読者も多いかもしれません。

ちなみに私の場合は、個人的に外食産業は視野に入れていません。景気の影響も受けやすいうえ、競争も熾烈だからです。外食は参入が容易ですし、成功している店はすぐに模倣されてしまうので、結局は価格攻勢などの消耗戦にもつれ込みがちです。その結果、他のセクターと比べても利益率があまり高くないケースが多くなります。

③売上は過去数年間にわたって右肩上がり

④営業利益・純利益が伸び続けている

③と④の条件は、②のビジネスモデルがしっかりと機能して業績の拡大に結びついているかどうかを確認するためのものです。実は私自身は、利益率や成長率をあまり気にしていません。なぜなら、規模の拡大とともに利益率が改善し、加速をつけて成長率が上昇することが期待されるからです。とにかく、重視すべきは持続的な売上と利益の伸びです。

⑤黒字である（赤字企業は買わない）

足元の業績についても黒字か、あるいは黒字予想であることを大前提とします。会社設立から数年も経過して黒字化のメドが立たないのは、ビジネスモデルが破綻していることが原因かもしれません。あるいは、「上場ゴール」だった可能性も否定できないでしょう。「上場ゴール」とは、その会社の創業者やベンチャー・キャピタル（未上場企業に出資する事業者）が株価の値上がり益獲得を目当てに株式を上場させる行為です。継続的に企業価値を向上させていくことに対する意欲が乏しく、すぐに業績の下方修正などを発表して株価が急落に転じるケースも少なくありません。

赤字企業で最悪なのは、ストック型や多店舗展開型のビジネスでありながら、赤字の状態に陥っているケースです。なぜなら、赤字が積み上げられていくという〝負の連鎖〟の恐れがあるからです。

ただし、赤字にも種類があります。いわば「良い赤字」と「悪い赤字」です。

「良い赤字」というのは、今後の成長のための先行投資で赤字を余儀なくされているケースなどです。本当に優れた経営者は利益を確保しつつ、同時に攻めの一手を打っています。何度も例に挙げているアズーム（３４９６）についても、先行投資で利益が急減した局面がありましたが、赤字には陥っていませんでしたし、大幅な人材獲得という投資も奏功して売上もしっかりと伸びていました。

一方、「悪い赤字」の例でよく例に上がるのがバイオ関連です。赤字の垂れ流し状態が続いていても大きな夢を抱けるせいか、バイオ関連は株式市場で人気化することがあります。しかし、どれだけ画期的な医薬品を開発していたとしても、それが必ず認可されるという保証はありません。臨床試験段階で期待していたような成果が得られない可能性も十分に考えられ、ギャンブルにも近い投資対象なので、手を出さないのが賢明でしょう。

⑥業界トップシェア・オンリーワン企業

この条件も、業績の持続的な拡大をもたらしうる要素となります。トップシェアを獲得している企業は広告宣伝の費用対効果が高く、2番手以降が追随するのも容易でないことから、今後も売上や利益が伸びやすいのが大きな魅力だと言えます。やはりアズーム（3496）を例に挙げると、月極め駐車場に関して日本有数の規模を誇るデータベースを保有し、大手企業が参入していないサブリースというビジネス領域でトップシェアを獲得しています。駐車場のサブリースというニッチな市場でオンリーワンのビジネスを展開し、トップシェアの牙城を守り続けるという結果を残しているわけです。

特定のビジネス領域でオンリーワンの存在となっているのは、独自のノウハウやテクニックなどを要するなど、何らかの要因で参入障壁が高いからこそです。また、ニッチな市場にはコスト的に大手がなかなか参入しづらいという側面もあります。

オンリーワンの存在となれば、目の前にはほぼ競合が存在しないブルーオーシャンの市場が開けていることを意味します。実は、ニッチな領域でトップシェアを獲得している企業はＩＰＯ銘柄の中に数多く潜んでいるのです。

⑦保証ビジネス

保証ビジネスは、ストック型ビジネスモデルの一形態といえます。先に紹介したニッポンインシュアのような賃貸不動産の家賃保証がその一例です。多数の賃貸物件において家賃保証のビジネスを展開すれば、最初に大勢の入居者たちから保証料を獲得できる一方、滞納が発生してその立替金の回収が難しくなるというリスクは限定的です。賃貸契約が更新されたり、新たな入居者に入れ替わったりする度に保証料が入ってきますし、契約が積み上がっていけば、それに伴って売上と利益が伸びていくことになります。

この保証ビジネスを手がけている企業の中からも、実際にテンバガーが登場しています。住居・事業用家賃保証のジェイリース（７１８７）や、住宅ローンの保証を行っている全国保証（７１６４）です。また、ジャパンワランティサポート（７３８６）や日本リビング保証（７３２０）も株価が数倍に化けています。

⑧サービス業、情報通信業に業種を絞る

この条件は、新聞記事などを参考に定めたものです。過去にテンバガーとなった銘柄のセクター別内訳を分析したところ、情報通信とサービスが占める割合がかなり高くなっていました。しかも、これらの業種に属する企業の多くは、景気の動向などに業績が左右されにくいビジネスを手がけています。

例えば半導体の関連ですとその市況が大きな影響を及ぼしますし、輸出入関連には為替相場の動向が関わってきます。その点、サービス業や情報通信業といった業種で②の条件に掲げた「ストック型・多店舗展開型のビジネスモデル」を展開している企業は、その業績が政治や経済などの情勢に左右されにくいと言えます。

その典型例がやはりアズームで、ロシアによるウクライナ侵攻が泥沼化しても、日本国内における駐車場の契約とは無関係のはずです。同社は不動産業に分類されてサービス業の一角ですし、データベースを駆使したビジネスを展開しているのでＩＴ関連とみなすこともできるでしょう。着実な業績拡大が期待される企業でありながら、米国市場の急落が世界的に飛び火して日本の株式市場全体も「つれ安」するような局面が訪れれば、割安に仕込む絶好のチャンスでしょう。「高値摑み」のリスクを抑えながら、大化けが期待される銘柄を手中に収められるというわけです。

⑨時価総額200億円以下

これも同じく新聞の分析記事をヒントとしたものです。テンバガーとなった銘柄の最安値時点の時価総額を調べると、その8割超が100億円未満だったという記事もありました。私が200億円以下に条件を緩和したのは、テンバガー候補だけでなく数倍高銘柄まで拾い出すためです。すでに株式市場でも成長性が評価されて株価もそれなりの上昇を示しているものの、まだ2~3倍になる可能性を秘めた銘柄を見逃すのももったいない話ですから。

⑩創業社長が大株主

この条件は、経営者と私たち株主の目線が同じ方向であるか否かを判断するモノサシとなります。トップが自社の大株主なら、その株価が上がれば自分自身の資産も増えるので株主と同様にハッピーですし、逆に株式の希薄化につながるファイナンス（増資）をむやみに実施する可能性は低いでしょう。特に創業社長が株式の過半を握る筆頭株主であれば、意思決定のスピードも非常に速いはずです。過去にテンバガーとなった事例を振り返ってみても、創業社長で筆頭株主というパターンが目立ちます。注意したいのは、社長と創業メンバーの役員たちが公平に10%ずつ持ち合っているようなパターンです。たとえ創業メンバーであっても、役員の離脱はけっして珍しいことではありません。転籍や独立などで離脱する役員が保有株を放出すれば、株価に大きな下落圧力が及ぶことになります。

⑪PER（株価収益率）40倍以下（できれば20倍以下）

この最後の条件は、リスク回避の観点で設けました。高成長が続いている限り、高倍率のPERは許容されると説く専門家もいますが、それだけ「高値掴み」をするリスクが高いことも確かです。

実際に私は、高倍率のPERを軽視して苦い経験をしたことがあります。最初にアズーム（３４９６）を買った場面です。いい銘柄だと思ってすぐに買ったのですが、株価の下落が顕著になって１００万円程度の損失が発生しました。そこで、いったん損切りしたうえで、PER が20倍台まで低下している局面で買い直したところ、その後は順調に株価が上昇してテンバガーを達成した次第です。

どれだけ有望な銘柄であっても、さすがにPERが１００倍や２００倍といった域まで達してしまうと、いずれかのタイミングで反落局面が訪れるものです。その点、PER40倍程度で手を出すなら、PER20倍の水準まで株価が下落したとしても、買い増しする余裕も残っていることでしょう。

もちろん、３ケタのPERでも株価の上昇が止まらないというケースも皆無ではないでしょう。とはいえ、それはあくまで例外であり、確率的にそういった銘柄に大金を投じてしまうのはかなり危ういことです。

1億円の資産を「最短で」築く方法

以上の11の条件を押さえた上で、実際にIPOセカンダリー投資を活用して1億円の資産を「最短で」築く方法をシミュレーションしてみましょう。

最も簡単な方法は、1年でテンバガーする銘柄を発掘することです。冒頭紹介したように、

図10　FPパートナーの株価推移（週足）

出典：株探（https://kabutan.jp/）

100万円の元手があったとして、それを全額テンバガー候補の銘柄に投資し、実際に1年でテンバガーを達成したら、翌年はまた別のテンバガー候補を狙う。それがまた1年でテンバガーになったら、2年で1億円達成です。さらに初期投資額を200万円、300万円と増やせれば、「億超え」までの期間はさらに短くなります。

もちろん、こんな銘柄を簡単に見つけることはなかなかできません。しかし先に挙げた11の条件を守ってIPOセカンダリー投資に徹すれば、まだそれほど投資経験が豊富でない投資家の方でも年に2〜3倍になる銘柄を複数発掘することは、それほど難しくないと思います。現在私が保有している銘柄でいうと、FPパートナー（7388／図10）やジャパンワランティサポート（7386／図

図11　ジャパンワランティサポートの株価推移（週足）

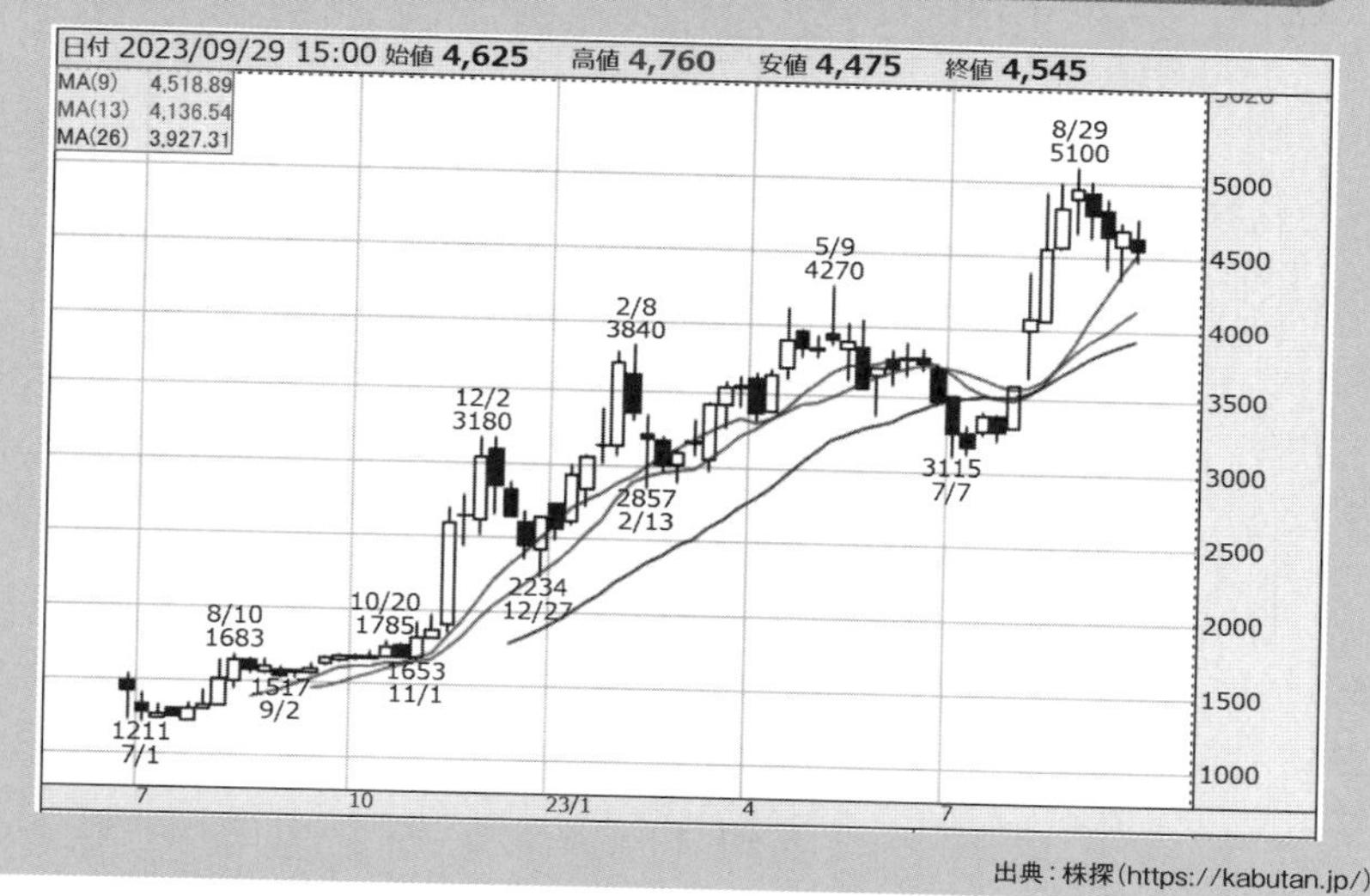

出典：株探（https://kabutan.jp/）

11）は、購入時から株価が3倍に上がっています。このように3倍株に投資するだけでも、１００万円が1年で３００万円、2年目には６００万円、3年目には１８００万円、4年目には５４００万円と増えていき、5年目で「億超え」を達成できます。

　私自身、コロナショックのときに株式への投資資金が１００万円以下まで落ち込みましたが、その後3年ぐらいで６０００万円まで資産を回復することができました。

　このように考えると、１００万円くらいの元手を3〜5年で1億円にするのは、それほど困難なことではないともいえます。

　このほか、ここ数年の間にＩＰＯを果たした銘柄で、先の11の条件に合うような銘柄をいくつか紹介しておきますので、参考になさってください。

図12 きずなホールディングスの株価推移（週足）

出典：株探（https://kabutan.jp/）

●きずなホールディングス（7086）

葬儀施行や葬儀付帯業務などを手掛ける会社で、傘下に家族葬のファミーユや花駒などがあり、「家族葬のファミーユ」ブランドを軸に葬儀会館を運営しています。近年は葬儀の形態も大規模な葬儀から家族葬へとニーズが変化していますし、高齢化が進んでいる日本は多死社会となっているので、葬儀会館はフル稼働状態です。

この会社は、先に挙げた11の条件の②「ストック型・多店舗展開型のビジネスモデル」の典型例です。有料老人ホームの運営も手掛ける学研と提携し、他界した入居者の葬儀を担うような連携も期待されます。

●GENDA（9166）

「ジェンダ」と読みます。「G・iGO（ギーゴ）」

図13 GENDAの株価推移（日足）

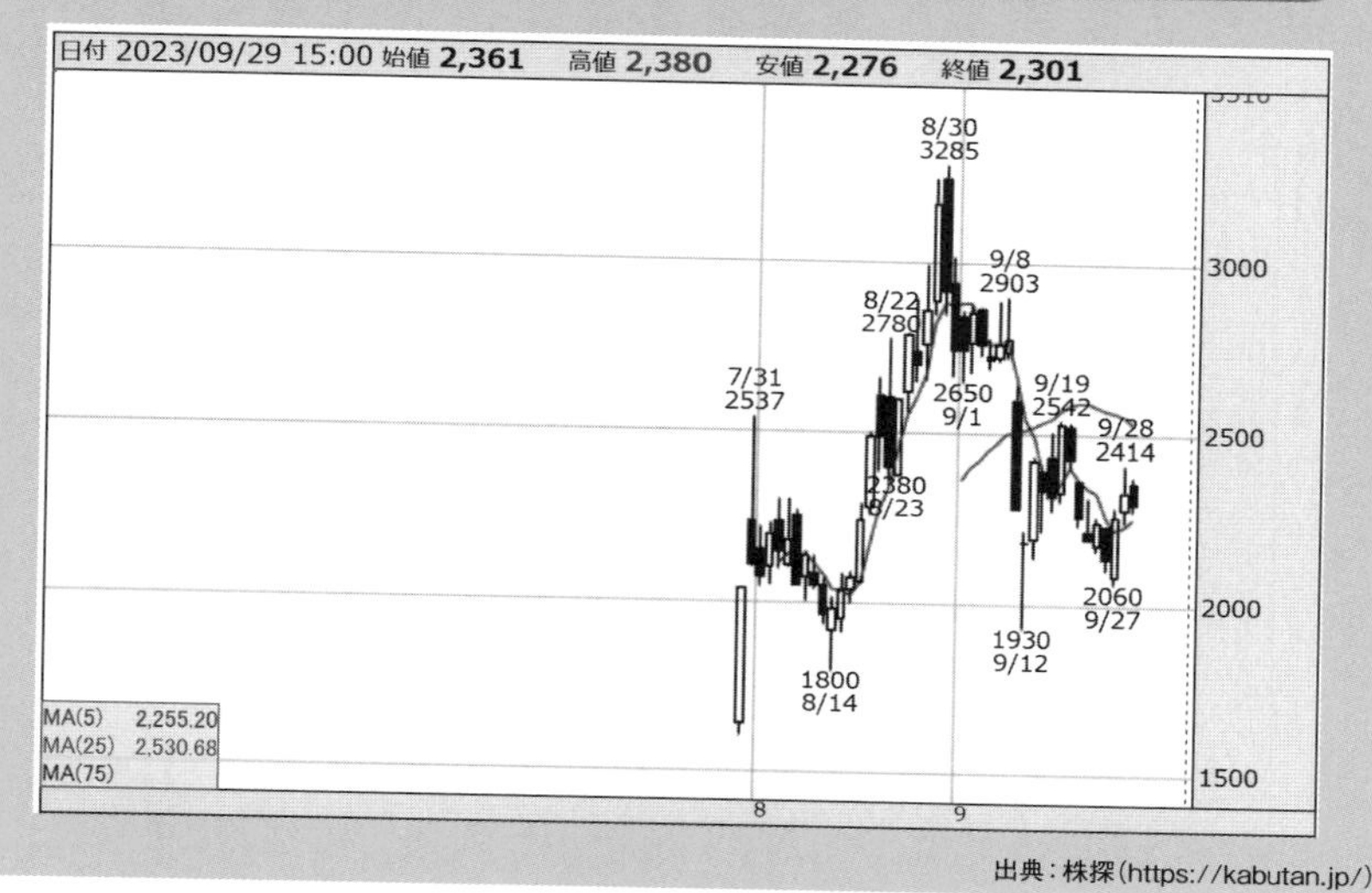

出典：株探（https://kabutan.jp/）

ブランドを主としたアミューズメント施設の運営を手掛ける会社です。ゲームセンターやエンターテインメント系の会社のＭ＆Ａを積極的に行い、アメリカにも進出。２０２３年9月には、レモネード・レモニカという自然派レモネードが人気の会社を買収するなど、自社の持つ経営資産を軸にした多角化経営を進めています。

コロナ禍でゲームセンター苦境に陥っているとき、セガ エンタテインメントの株式のうち85・1%を取得。そのため、かつての「ＳＥＧＡ」の店名のゲームセンターは「ＧｉＧＯ」に変更されています。買収後、セガの業績をすぐに黒字化しています。

社長は東大出身のファッションモデルで、中真衣さんという方ですが、ゴールドマンサックスでマネージングディレクターも務め

た経済通です。会長はイオンファンタジーの社長を務めた片岡尚氏と、経営陣も豪華な顔ぶれです。

もっとも、すでに時価総額が700億円超と高いので、テンバガーは難しいかもしれませんが、株価が2～3倍になるポテンシャルは十分に秘めています。私は同社株を初値で買って、そこから1・7～1・8倍くらいまで一気に株価が上がりましたが、その後、少し下落していま す。しかしPERが20倍を切るくらいまで来ているので、タイミングを見て再エントリーしたいと考えています。

より短期の「億超え」を狙う場合は信用取引も併用

次に、「億超え」までの期間をさらに短縮したい人のために、私の手法の一部をご紹介しましょう。

私の場合、有望な銘柄に対しては、現物株の含み益のほか、信用取引の短期売買で利益を膨らませています。

具体的には、まず、ジャパンワランティサポートのように右肩上がりで株価が上昇し、年間2～3倍の値上がりを狙える銘柄を買います。

そういう銘柄は経験上、業績が右肩上がりで上がっていくのと並行して株価のチャートも右肩上がりになる傾向にあります。しかし常に右肩上がりというわけではなく、米国の利上げやウクライナ情勢、中国の動きなど地政学的な要因などで相場が悪くなると、株価はいったん下がります。そういうタイミングを狙って、信用取引でレバレッジをかけて買い、また株価が上がったときに売るのです。

相場の影響で一時的に株価が下がっても、業績の裏付けがあればいずれ株価は上がるという確信があるので、ある程度自信をもって信用取引を行うことができます。そして売るときはあまり深追いせず、株価が適度に上がった段階で売ります。

こうした短期売買を繰り返すと、資金効率が格段に高まり、利益を一気に増やすことができます。

また、売買を繰り返しているうちに、その銘柄の「癖」のようなものも見えてきて、どういうときに株価が上がる（下がる）かというサイクルが、だんだんわかってきます。そうなるとトレードの成功確率も上がってきます。

今回何度も紹介しているアズームの場合も、含み益が1900万円くらいですが、それ以上に信用の短期売買で3500万円くらい稼いでいます。

ただし、信用取引はよくいわれるように大きなリスクも伴いますので、あまり経験のない方にはお勧めしません。

やるとしてもはじめのうちはレバレッジをあまりかけず、現物との比率を1：1くらいで売買するのがいいでしょう。

1億円が無理でも最終的に数千万円の資産を手に入れる

株式投資で素人が1億円を目指すのは無謀だという人もいますが、私は決してそんなことはないと思います。

数年前、老後2000万円問題が話題になったように、多くの人は老後の資産形成などにもまだ不安を抱えている状況なのです。そもそも全員が2000万円以上の資産を用意できていて、老後にまったく不安を抱えていない状況であれば、老後2000万円問題などと騒がれることもなかったはずですから。

そこで、資産形成の大きな柱になるのが株式投資です。私は不動産投資なども手掛けていますが、やはり初心者の方でも入りやすいのは株式投資だと思います。2024年からは新NISAの税制優遇措置も始まりますので、株式投資を始めるにもいい環境が整ってきていると思います。

もちろん、1億円を目指さなくても、そこそこの利益が上げられればいいという人もいるでしょう。その場合は、インデックスファンドで堅実に資産を積み上げていくという方法もあります。しかし、1億円を目指して本気で勉強し、投資の経験も積んでいけば、最終的に1億円は無理でも、数千万円の資産にはグッと近づくことができると思います。今回のお話が、そうした投資家の方々の一助になれば幸いです。

図14　テンバガー投資家Xさんの1億円ロードマップ

STEP! 01

元手100万円から投資スタート

スタート

IPOセカンダリー投資の11の条件を押さえた上で、優良銘柄を発掘。

STEP! 02

17倍株は無理でも3倍株を確実に取る

1～2年

約3年半で17倍になったアズームような銘柄は難しいが、1年で3～5倍程度の銘柄発掘はそれほど難しくない。

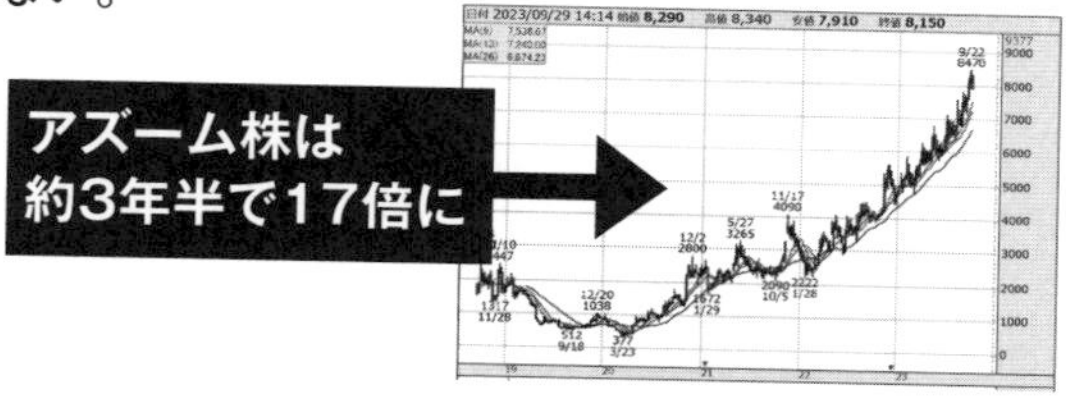

STEP! 03

最短2年、無理でも5年なら億超え可能

2～5年

論理上はテンバガー銘柄に2年連続で投資できれば最短2年で「億超え」は可能。無理でも3倍株を毎年回せば5年目に1億円達成。

最短2年

COLUMN

「上場ゴール」と「ロックアップ」

創業者やベンチャーキャピタルの「売り」に注意

ＩＰＯ投資を行う上で気を付けなければいけないのが、「上場ゴール」です。株式を上場すると、創業者やベンチャーキャピタルなどの株主は、保有している株式を売却することで大きな利益を得られます。企業を継続的に成長させていくことが目的ではなく、この利益を目的にＩＰＯを行うことが、やや皮肉な意味も込めて「上場ゴール」と呼ばれています。

「上場ゴール」自体は法的に問題のある行為ではありません。しかし、上場後に大量の株が売られることで、株価は初値をピークとしてその後急落し、一般投資家が大きな損失をこうむることがあります。その点、ＩＰＯセカンダリー投資は、上場直後の過熱した株価が落ち着いたところで企業の狙いを見極めてから投資するので、上場ゴール銘柄の選別にも役立ちます。

しかし、ＩＰＯセカンダリー投資でも注意しておきたいのが、「ロックアップ」の解除です。ロックアップとは、新規上場した会社の既存株主などが、一定期間、保有する株式を売却できないようにするものです。ロックアップがかかることにより、「上場ゴール」の会社の大株主

図15　エニーカラーの株価推移（日足）

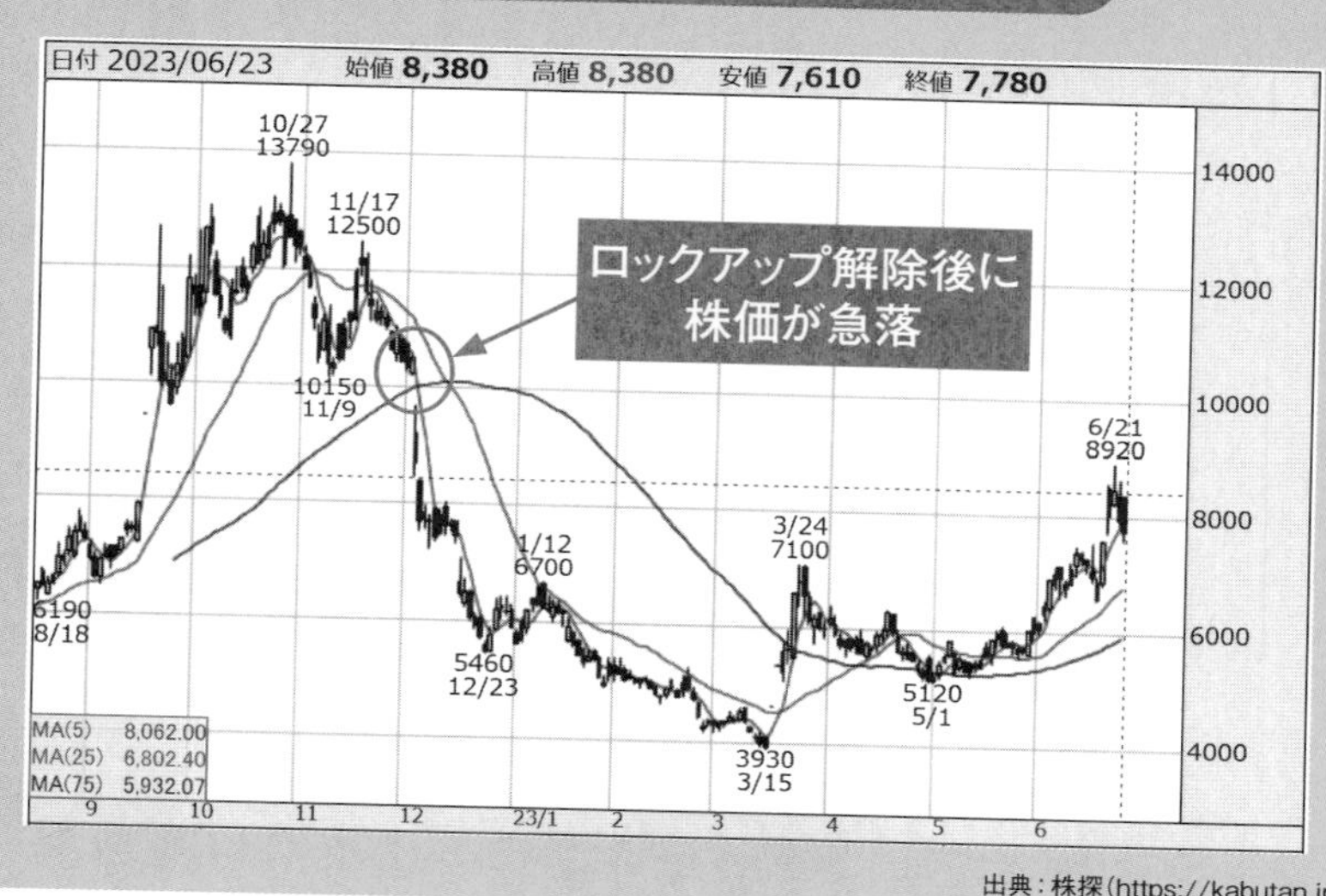

出典：株探（https://kabutan.jp/）

が上場直後に大量に株を売って株価が暴落するのを防ぐことができます。しかし、ロックアップ期間が解除されると、その時点で大株主やベンチャーキャピタルがまとまった数の株を売り、株価が値下がりすることがあります。

最近の例では、VTuber（バーチャルユーチューバー）グループ「にじさんじ」を運営するエニーカラー（５０３２）が、２０２２年12月上旬にロックアップを解除したとたん、大株主の売りを警戒した思惑なども含めて、大きく株価を下げました。そのため、ＩＰＯ株への投資を行う場合は、ロックアップの有無やその時期などもチェックしておくべきでしょう。ただしロックアップ解除による株価の下落は、企業の業績に伴い、再び回復することもあります。そこで見切りをつけるのではなく、業績などもチェックして売買を判断することをお勧めします。

信用取引を繰り返すフルインベストメントにより、わずか1年半で資産1億円超えを達成。その「禁断の」投資法をここに紹介。誰でも可能な投資法ではないので、取り扱い注意。

Hey MUCHO(ヘイムーチョ)さん

大学の投資クラブでFXなどの投資手法を習得。2012年証券会社に入社、2015年に退職し、世界旅行中に1000万円を溶かす。2016年証券会社に再就職。2019年、証券会社を辞め、SaaSのスタートアップに勤務。同年11月に本格的運用を開始し翌年10月に「億超え」を達成。

株式投資を始めて1年半で「億超え」を達成

本書のタイトルにある「超速」とはいえないかもしれませんが、私は1年半で270万円を1億円にした経験があります。これはコロナ・バブル以前の話で、その後の円安・株安下においては、「億超え」を達成した頃の投資成績は上げられていません。しかし、また相場が好転したら、かつての投資手法を再現して、資産を増やしたいと思っています。

その時期の再来に備えて、今回は、その1億円を達成したときの投資法を紹介したいと思います。

レバレッジなしで「超速」での億達成は困難

私の投資スタートは大学生のときで、まずはＦＸ（外国為替）から始めました。当時はＦＸと株の違いさえわからなかったのですが、ＦＸブームみたいな盛り上がりがあって、入りやすかったという背景もありました。

ちなみに、今はＦＸをほとんどやっていません。理由は「勝てないから」です。また、ＦＸの場合、株式投資の「引け」のように、締めの時間がありません。株式投資なら「引け」から翌日の「寄り付き」までゆっくり考える時間がありますが、ＦＸは夜中でも売買ができて、考えている余裕がないのです。加えて、基本的に短期トレードになってしまいます。実際、長期で持っていても、日本の為替が強いか弱いのかなどということは誰にもわかりません。金融政策なども、ある程度予想はできても、その予想に対して強いか弱いかで方向は変わってしまいます。特に私のようにハイレバレッジをかけてしまう投資家は、今が円安だからということで、その方向で売買したとき、少し円高に振れたら、その小さいノイズで大損してしまいます。そして何より、ＦＸをやると、「寝不足」になります。

これらの理由から、今はＦＸをほとんどやっていません。ただ、最近は円安ドル高が進行して為替介入などが頻繁に行われます。そういった、いわゆる「歴史的イベント」には参加したいタイプなので、そこに参加するために為替も少し触っています。

なぜこのようにＦＸの話をしたかというと、それは私の株式投資の手法が、ＦＸで培われた手法と無関係ではないからです。

例えば、確信を持てる銘柄に関しては、レバレッジをかけて買いました。かけたほうが資金効率が良くなるからで、ときにはフルポジで行けるところまで行ってしまいます。その手法がうまくはまった結果、1年半で２７０万円を1億円以上に増やすことができました。

レバレッジは、信用取引をやっていない人にはわかりにくいかもしれませんので、簡単に解説しておきます。

レバレッジをかけるというのは、手持ち資金の数倍の取引を行うことですが、信用取引でいうと、手持ち資金の3.3倍まで株を買うことができます。つまり１００万円の資金で、３３０万円まで株を買うことができるのです。そこで買った株が2倍になったら、資金１００万円の場合は２００万円になりますが、３３０万円の場合は一気に４３０万円になります（図16）。だから資金が少ない場合でも、レバレッジをかけることで、一気に大儲けをすることができるわけです。

ただし、気を付けなければいけないのは、逆もあり得るということです。１００万円で買っ

図16 レバレッジのイメージ

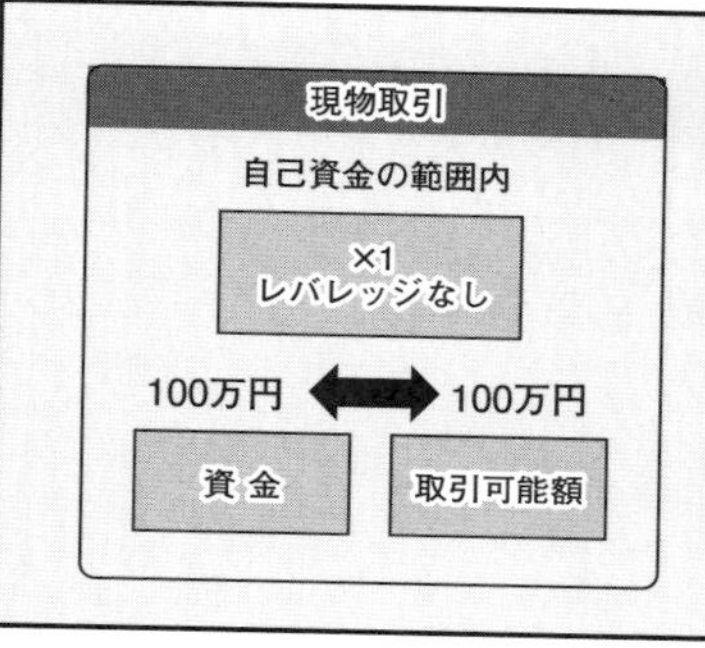

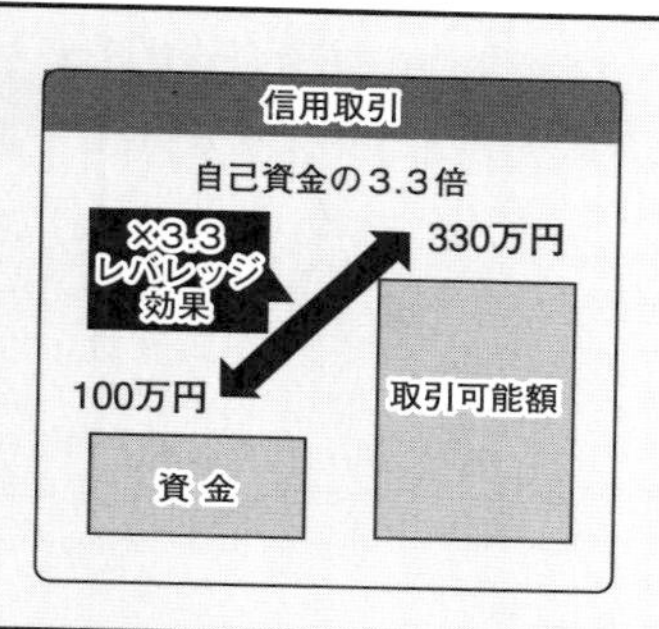

信用取引は資金を担保に証券会社からお金や株式を借りて、自己資金の3.3倍までのレバレッジをかけた投資ができるしくみ。100万円の資金なら最大330万円まで投資できる。その場合、株価が2倍になれば100万円の資産が一気に430万円になるが、逆に株価が1/2になったら、損失は165万円で、資産は一気にマイナス65万円に減ってしまう（実際はそこまで損失が膨らむ前に、証券会社によって強制的に決済される）。

株価2倍で
200万円

100万円で投資

資産は200万円に

株価1/2で
–50万円

資産は50万円に

信用取引

株価2倍で
660万円

330万円で投資

資産は430万円に
（元本100万円＋投資利益分330万円）

株価1/2で
–165万円

資産はマイナス65万円に

た株が下がって半値になったら50万円の損失ですが、330万円が半値になったら165万円の損失で、100万円の元手はマイナス65万円になってしまいます。

実際はそうなる前に、一定以上の損失が出たら証券会社によって強制的に決済されてしまいます。いずれにしても投資額が大きくなると、そのぶん損失も拡大するということです。

だから基本的に、初心者の方にはこの投資法はお勧めしませんし、自分でも確信が持てる銘柄以外に、そんなリスクの高い投資は行いません。

自分で先行きが読める銘柄を選ぶ

私が銘柄選びに対して自信を持てるようになったのは、かつて証券会社に勤めていた経験も大きいと思います。銘柄選定の前提として、小型株を狙うようにしたのも、証券会社時代の経験から培ったものです。今の私の投資の基準としては、時価総額500億円以下で、さらに200億円、1000億円くらいの小型株を買い、それが2000億〜3000億円くらいになったら売ってしまいます。

理由は簡単で、これから2倍、3倍、10倍に上がっていく期待をかけているからです。100億円の時価総額の会社が10倍になっても1000億円です。これがもし2000億円の時価総額だったら、10倍になるためには2兆円にならなければいけません。それだけの時価総額に上げるためには相当な会社の規模がないと無理です。

そう考えると、2倍株、3倍株、あるいはテンバガー（10倍株）を狙うなら、スタートアップのような小さい会社のほうが可能性はありますし、何より「夢」があります。

そういう小型株を狙うようになったきっかけも証券会社にいたとき培ったものなのですが、これは正直なところ、業務で培った経験ではありません。私は証券会社を一度辞めて、別の証券会社に転職していますが、そこでは法人の債券のセールスを担当していました。扱うのは社債、地方債、財投機関債がメインでしたが、一部仕組債も組成していました。そのため、あまり株を見る機会はなかったのですが、個人的には株式に関心があったので、債券のトレーディング部署でいつも株の動きばかり追っていました（もう時効なので白状してしまいますが）。

そこで気になったのがＳａａＳ（Software as a Service ／必要な機能を必要なだけサービスとして利用できるようにしたソフトウェア、もしくはその提供形態）の銘柄で、今でいえばサイボウズ（４７７６）のような会社です。ＳａａＳのビジネスモデルはサブスクリプション（商品やサービスを購入するのではなく、一定期間利用できる権利に対して料金を支払うビジネスモデル）で、月額料が毎月毎月チャリンチャリンと入ってきます。

そのサブスクモデルが安定的に収益を上げているかどうかということは、チャーンレートを調べればわかります。チャーンレートは、一定期間内に解約やプラン変更などで減った収益や顧客数が、その前の期間の収益（顧客数）の何％かを計算する方法です。例えば収益で計算する場合の計算式は「解約やプラン変更に伴って失われた期間の収益÷その前の期間の収益×

図17　HENNGEの株価チャート（週足）

2019年11月頃に700円程度で購入

2020年10月に「億超え」達成 HENNGEがその50%くらいに貢献

出典：株探（https://kabutan.jp/）

100」となります。さらに、NRR（顧客の売上継続率：Net Revenue Retention）という指標を見れば、既存の顧客にサービスが活用され安定した売上を確保しているか、さらに今後も伸びていくか、という点がわかります。

つまり、SaaS系の会社は、これらの指標さえ見ておけば、収益が目に見えてわかるのです。こういう会社が例えば販管費を下げればそのまま利益になりますから、将来的にはどのくらいの利益になるかということも読めて、非常にわかりやすいのです。

そこでSaaS系の会社を投資対象に考えるようになったのですが、証券会社の社員は自由に株の売買ができません。いちいち支店長や内部管理責任者に買う銘柄と金額を伝えなければならず、面倒でしたし、レバレッジも効かせられないので、もったいないなと思っていました。だからＳａａＳ系の会社が成長することがわかっていても制限つきで買うだけだったのですが、会社を辞めて制限がなくなったら、そういう会社の株を買いまくりました。最終的には、投資からさらに高じて、今ではＳａａＳ系の会社で働いているというくらい、どっぷり浸かっています。

私が「億超え」を達成したときも、このＳａａＳ系の銘柄が大きく貢献しました。具体的にはＨＥＮＮＧＥ（４４７５）という、企業向けクラウドセキュリティーサービスを提供する会社です（図17）。

億超え資産の半分でHENNGE株が貢献

ここで、私の「億超え」までの経緯をご紹介します。

具体的には、２０１９年3月に２７０万円で投資を始め、２０２０年10月にはそれを1億２７３５万円まで増やしました。ＨＥＮＮＧＥを買ったのは、同社が２０１９年10月8日に上場して、その後株価が少し下がったタイミングです。株価は７００円くらいでした。

私の資産は、２０２０年2月に１０００万円を突破し、翌月には倍の２０００万円になりますが、その原動力となったのがこのＨＥＮＮＧＥ株です。もっともこのときは、相場が大きく下がり始めていたので、ヘッジのつもりで空売りや先物も触っていました。そこで４００万円ほどの利益が出てしまい、それが資産を増やすことに貢献しています。空売りのほうは、売り

を入れた銘柄がなかなか下がらなかったので、逆にその時点でまたいくつかの銘柄を新たに購入しました。

その後、２０２０年の4～5月にかけては、ＳａａＳ系の株価がリバウンドして、コロナ前の水準に戻ってきた銘柄もちらほら出てきます。このとき私は、ＨＥＮＮＧＥなどＳａａＳ系の会社にレバレッジをかけて集中投資をしていました。そして相場が怪しくなったらこまめに利確し、また上向いてきたと思ったら買い直すということを繰り返していました。

もちろん、コロナの第2波の到来や、相場が二番底に陥るリスクもありましたが、ＳａａＳという企業向けサービス自体は、コロナが流行しても需要が落ちないどころか、逆により多くの企業が利用するようになるはずです。もともとＳａａＳのビジネスモデルに目をつけていたこともあって、サービスの内容も理解していましたので、コロナ第2波が来ても落ちるはずがないという自信もありました。その自信があったからこそ、ホールドできたということもあると思います。

その後、こうしたＳａａＳ系メインの投資手法にブレが生じ、別のセクターの銘柄に手を出して資産を一時期減らしたこともありましたが、そこで一念発起して投資スタイルを元に戻し、10月にはついに「億超え」を達成することができました。結果的には資産を1億２７３５万円にまで増やすことができましたが、そのうち約半分の６０００万円くらいはＨＥＮＮＧＥの利益が構成しています。次には、このＨＥＮＮＧＥ株でどうやって利益を積み上げたかという手法を説明します。

海外の先行事例で将来を読む

まず銘柄を選ぶ際には、「巷で流行っている」というシンプルな視点で絞り込みます。例えばＥＣ（電子商取引）系が流行っているとき、他のＥＣ系にどんな会社があるのか調べたところ、ベガコーポレーション（３５４２）に行き当たりました。（図18）株価も安かったので、ＨＥＮＮＧＥを少しずつ利確しながら得た利益で、少しずつ買い増し、後にそこからも大きな利益を得ることができました。

そのＨＥＮＮＧＥ株ですが、これは同社が上場したタイミングでの購入を狙っていろいろ調べていくうちに、米国のオクタ（ＯＫＴＡ）という同じようなビジネスモデルの会社

図18　ベガコーポレーションの株価チャート（週足）

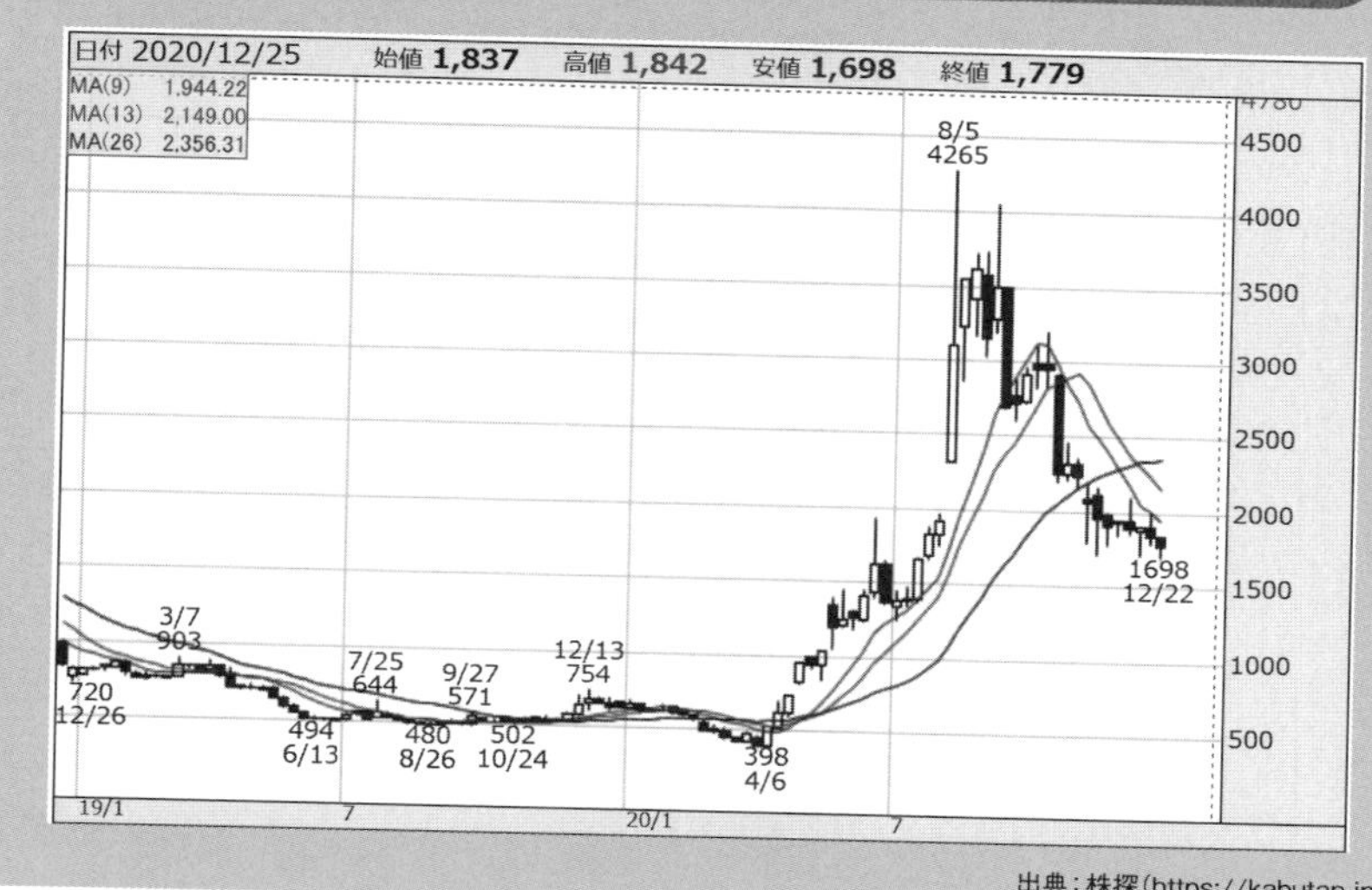

出典：株探（https://kabutan.jp/）

がものすごい時価総額をつけていることがわかりました。ＰＳＲもその当時で20～30倍、一方でＨＥＮＮＧＥは10倍にもなっていません。そこでＨＥＮＮＧＥのＰＳＲも、どんなに低く見積もってもいずれ15倍にはなるだろうと予測し、購入に踏み切りました。

すでに米国のオクタという事例が先行しているわけですから、もう先が読めているようなものです。同じバリエーションで比較したときにいずれはＨＥＮＮＧＥも伸びていくという確信を持って、さらに買い増していきました。

実は、このように海外の先行事例を見て買うという手法は、ＨＥＮＮＧＥが初めてではありません。私が最初に買った銘柄が、ペット保険のアニコムホールディングス（８７１５）という会社の株でした。その当時はすでに欧州で動物保険が流行っていたため、日本でもいずれ動物保険が流行るはずだと考えて購入したのです。７００円くらいで買ったような気がするのですが、そのときはなかなか株価が上がらず、利損で売ってしまいました。しかしその数年後には１２００円とか１３００円の値段になっていたので、後悔したと同時に自分の見方は間違いではなかったんだという自信も持てました。

また、米国でトルパニオン（ＴＲＵＰ）という会社があります。動物保険は欧州で評価された後、日本で評価されましたが、米国では株価の評価が低かったので、米国株のトルパニオンを購入し、かなりのリターンを得ることができました。ＨＥＮＮＧＥという銘柄を掴むことができたのも、こうした経験に基づくものです。

「究極の複利」で投資効率を最大化

次は、目をつけた銘柄をどのくらい買うかというポイントですが、私の場合、基本はフルレバで、確信の持てるものに重点的に投資をします。

読者の皆さんにはあらためて注意していただきたいのですが、株式投資では、基本的に「フルレバ」は推奨していません。もちろん私も、確信を持てない銘柄に関してはフルで張るつもりはありませんが、HENNGEに関しては「行ける！」と気づいてしまったのです。そういうときは資金をフルで投入して、少し上がったら利食いながらタイミングを見て、また立て直してということを繰り返し、最大効率で利益を獲得します。

HENNGEの場合は、先に述べたように、すでにオクタという答えが米国で出ていたということもあります。それでさらに信用でレバレッジをかけて、投資をしました。信用の場合は、買っている状態だと担保ができないので、値上がりしたら売り、それを担保にすると、購入資金が増えます。そこで「利食って担保にしてそれをまたフルレバで投資する」といういわば「究極の複利」で投資効率を最大化させ、利益を積み上げていったのです（図19）。

ただし、確信を持てたといっても、どこかに必ず見落としはあるかと思います。特に相場環境がとてつもなく悪くなった場合は、相場に釣られて株価が下落してしまうこともあります。だから相場が危ないと思ったときには、一目散に売ってしまいます。こまめに利食いをするのは、信用の担保を増やすだけでなく、そういう狙いもあるからなのですが、それはそれで大怪我をしないためには必要なことだと思っています。

時価総額1000億円で売り、500億円以下の銘柄に買い替える

次に銘柄を買うタイミングと売るタイミングです。買うタイミングは、その銘柄が時価総額で500億円以下にあるときです。時価総額が小さいほどいいですし、逆に2000億円、3000億円くらいの銘柄は、よほどのことがない限り買いません。

一応、バリュエーションも考えていて、目をつけた銘柄のPSRが20倍くらいになっていたら、手は出しません。また、「先行指標」である海外の同類の銘柄よりPSRが高くなっている場合も買いません。もしHENNGEのPSRが購入時点でオクタより高かったら買わなかったと思います。

次に株を売るタイミングですが、基準としては時価総額1000億円を目安とします。HENNGEの場合も時価総額1000億円を超えた時点で、どこで手仕舞うかとずっと狙っていましたが、株価がポンと上がってストップ高をつけたタイミングで売ってしまいました。

時価総額1000億円の根拠は、その資金をリサイクルして、「第2のHENNGE」みたいな銘柄を見つけたいからです。

普通の投資家の方々は1000億円を超えたら、さらにその株が2000億円になるのを待

図19 「フルレバ」のイメージ

100万円の投資資金でスタートし、フルレバ(3.3倍)で投資、株価が10%値上がりしたら売り、そこからまたフルレバで投資、10%上昇で売る、というサイクルを繰り返すと、3回目の売りで資産は２倍以上になる

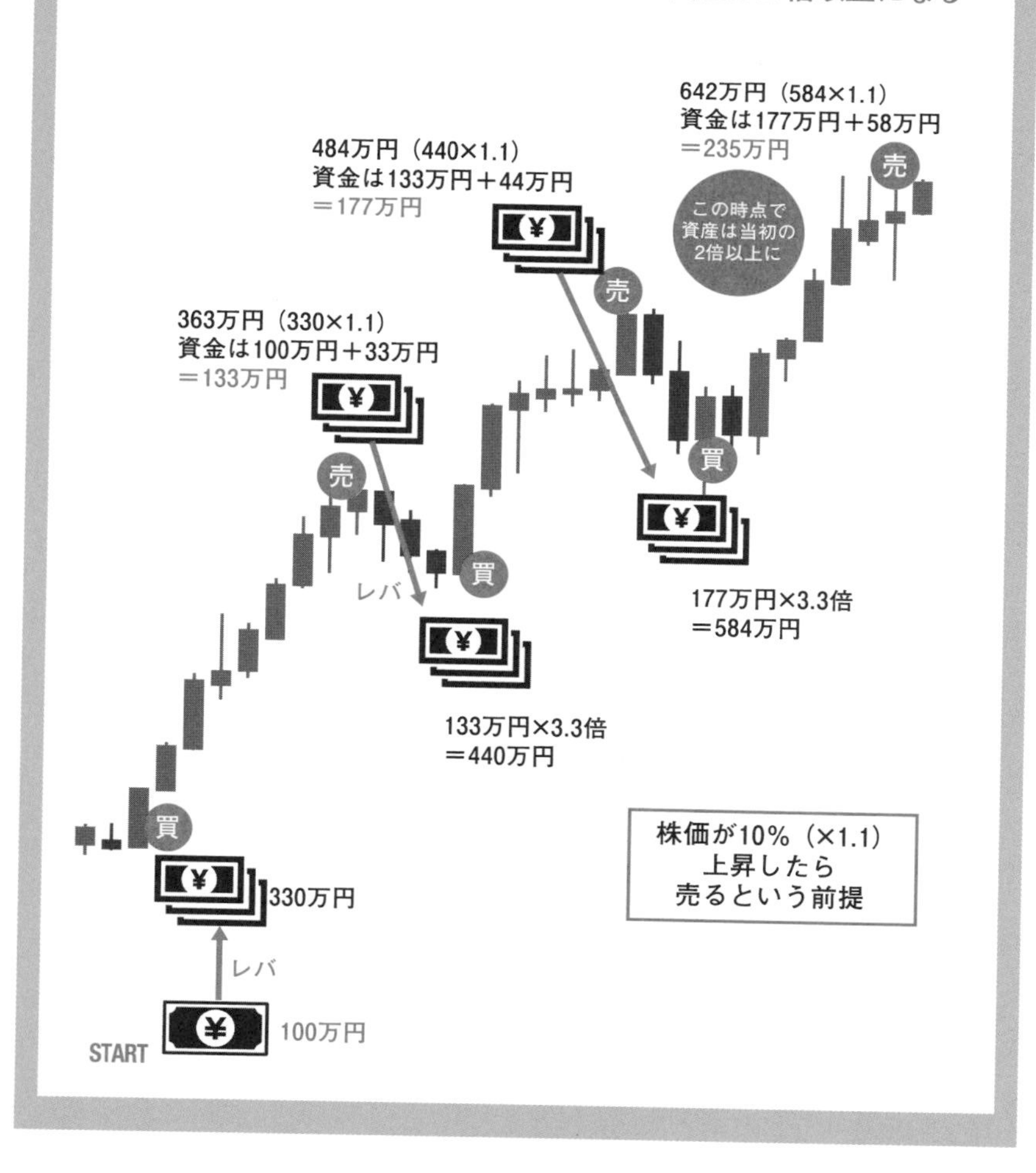

つかもしれませんが、私の場合は2倍ではなくて3倍、4倍、あるいはテンバガー（10倍株）になるような銘柄を取っていきたいので、1000億円で売って、また500億円以下の銘柄に買い替えていきます。ただ、長期でテンバガーを取っていく手法もあるので、最近は長期保有の銘柄も少しだけ手元に残していくということはやっています。

また、基本的に「損切り」はしません。なぜなら、自分が良いと確信を持っている銘柄に関しては、1度株価が下がってもまた上がっていくと思っているからです。先述のように、マーケットが悪くなって売ることはありますが、その場合も上がり始めたらまたすぐに買い戻しています。

投資で得たお金はしょせん「あぶく銭」

このように、これぞと思った銘柄にはフルレバで全力投資する私ですが、一応、リスクヘッジもやっています。

これも私が証券会社にいたときの体験から来ているものですが、2013年にバーナンキ・ショックというものがありました。米国FRB（連邦準備制度理事会）のベン・バーナンキ議長の発言を引き金とした世界的な金融市場の動揺ですが、まあ「ショック」というほどのものではなかったです。ただ、そのとき日経平均は1000円以上下がりました。その後すぐに戻るのですが、それでお客様に迷惑をかけてしまったという苦い経験があります。結局、FRB

議長の発言などで相場が一時的に揺れ動くことがあると、良い銘柄もそれに釣られて下がってしまいます。

そこで学んだ経験として、相場が読めないときには、「売りのヘッジ」も入れるようにしています。これは同一銘柄に対して入れるのではなく、まったく違うセクターの銘柄の空売りや、日経の先物を売ってヘッジするという形です。この「ヘッジ」があったため、2020年のコロナ禍においても、気持ちに余裕があったので、銘柄を冷静に分析できたと思っています。それがHENNGEなどの発掘につながったのだと思います。

また、これは有名な投資家さんの発言でもあるのですが、投資で得たお金はしょせん「あぶく銭」です。私の場合も資金200万円くらいから投資を始めていますので、その後儲けた数千万円は「あぶく銭」と考え、気持ちの余裕をもって投資することができました。レバレッジをかけたフルポジなどという掟破りの投資ができたのも、そのためだと思います。

相場が悪いときは「準備」に徹する

しかしながら、資産が億を超えてくると、さすがに私も人間なので、少し「守り」の投資に入ってきてしまったと感じています。加えてコロナ・バブル後の株価低迷と、今日の円安・株安状況です。もともと小型株狙いの私の手法では、グロースなど新興市場が低迷している段階では、なかなか本領を発揮できません。加えて、岸田内閣になったあたりから、調子もガクッと落ち資産をじりじりと減らしています。

実際、今までのシナリオで投資をしていたのですが、調子が悪いため、値動きの良い銘柄に投資をしては失敗してしまい、その後は少し投資の頻度を手控えています。

私の手法が今うまく機能していない最大の原因は、今まで海外で評価されている銘柄を「先行指標」として、国内の同類企業との差を埋める、いわゆる「タイムマシン」のような手法が、今は逆になっているということです。今は海外の「先行指標」が先に下がってしまっているため、未来が見えない状態になっています。

そこで、2022年あたりからは、堅実に業績を見て銘柄を探しましたが、その他は長期投資の大型銘柄にシフトし、かつ株自体にもあまり資金を置いていないという状態です。こういうときは割り切って「準備期間」にすることに決め、相場にはあまり手を出さず、いろいろな銘柄を調べたりしています。

例えば、すでに投資家の間ではブームが過ぎたような感を受ける銘柄も、よくよく調べてみると、新たな技術開発を行い、高い評価を受けたりしていることがあります。

また、コロナ禍が去って外国人観光客が戻ってきて、インバウンド系の銘柄に注目が集まるのは必至かと思います。こうした日常から探す優良銘柄も、私の投資手法の重要な要素ではありますので、今はこのあたりの銘柄を物色し、相場が好転したら捲土重来で、また全力投資を復活させたいと思っています。

「東証にお金を預けている」くらいの感覚で

先にも紹介しましたが、私が銘柄選びに対して自信を持てるようになったのは、証券会社に勤めた経験も大きいと思います。

実際は証券会社でトレードをやっていたわけではなく、リテールで投信の販売をしていたのですが、基本的な株式の考え方や、ＰＥＲ（株価収益率）、ＰＢＲ（株価純資産倍率）、ＰＳＲ（株価売上倍率）、ＲＯＥ（株主資本利益率）、などの基本用語も、証券会社の内部で開かれる勉強会で学びました。

また、実際にお客様の対応をする中で、お金持ちの人がどういうものに投資をしているのか、銘柄についてどういうところを見ているのかという知識が、自然に身についていきました。

会社ではＩＰＯ（新規公開株）も取り扱っていたので、ほぼ確実に上がるＩＰＯ株がどういうものなのかという選別もできるようになりました。

証券会社で株式投資に関するさまざまな経験を積んだことは、その後の自分の投資に大きなプラスになったと感じています。

例えば、銘柄を選ぶ際も、会社の中身をしっかり見ずに、株価が動いているからという理由だけで売買していたと思います。

素人が一番ハマりやすい例ですが、ひと昔前であれば「暗号資産（仮想通貨）」、今でいうと

「DX（デジタルトランスフォーメーション）」などという言葉が企業のIRで発表されるだけで、株価がポーンと跳ね上がることがあります。それは企業の業績などファンダメンタルズとは関係なく、需給関係や時価総額が軽いというような理由で上がっているだけで、長続きはしません。

しかし、それがわからずに飛びついてしまう投資家の方は、かなりいらっしゃいました。そういう投資家さんたちを実際に見てきたので、下手な株には手を出さなくなりましたが、普通の会社に勤めていたら、自分も同じような失敗をして「億超え」どころか資産を減らしていたと思います。

多くの投資家の方は、こうした経験をお持ちではないと思いますので、やはりご自身で勉強をし、いろいろ失敗も重ねて経験を積んでいく必要があると思います。株式投資で1億円の資産をつくることは、それほど簡単なものではありません。

ただし、負けが続くことがあっても、諦めないほうがいいと思います。

これも証券会社で学んだ教訓なのですが、そこで教え込まれたのは「諦めてはいけない」「負けるのは悪じゃない」ということです。

そのせいか、私も負けが込んだときでもあまり激しく落ち込むようなことはなく、「東証にお金を預けている」くらいの感覚で投資を続けています。長く投資を続けるためには、そういうマインドも大事かなと思います。

図20 Hey MUCHOさんの1億円ロードマップ

STEP! 01 元手270万円から投資スタート

スタート

2019年3月に270万円で投資を始め、同年10月、HENNGEが上場し、その後株価が少し下がったところを700円近辺で購入。

STEP! 02 1年で資産2000万円に原動力はHENNGE株

1年後

2020年2月に資産1000万円を突破、3月には2000万円になる。その原動力となったのがHENNGE株。加えて、ヘッジのつもりで触っていた空売りや先物で400万円ほどの利益が出て、資産を増やすことに貢献。

HENNGE株が資産増を加速

STEP! 03 投資開始から1年半で資産1億円超えを達成

1年半後

その後、SaaS系メインの投資手法にブレが生じ、別のセクターの銘柄に手を出して資産を一時期減らす。しかし一念発起して投資スタイルを元に戻し、2020年10月に「億超え」を達成。結果的には資産を1億2735万円にまで増やす。そのうち約半分の6000万円はHENNGE株の利益。

最短1年半

1億円への
目標期間
7〜9年

年30%増のペースで利益を伸ばし、大型株と比べて値動きも軽い高成長小型株に照準!

100万円を倍々ゲームで増やせれば7年で億超えだが、もっと堅実に長期のスパンで着実に増やすのが賢明。その標的は、年30%の利益拡大を見込む高成長小型株だ。

今亀庵さん

高校時代、親の都合で渡米後、米国の大学を卒業し、現地で就職。30代で日本に戻り、サラリーマンに。リーマン・ショック後の2009年に退職金で投資を再開。投資したJ-REIT株が運よく大きくリバウンドし、資産が2年で7倍になる。さらにアベノミクス相場で、2017年末には資産が200倍に。投資スタイルは小型成長株の長期グロース投資。銘柄選択はPEGレシオ重視。近著に『退職金を株で40億円にした元会社員が教える小型成長株投資術』(宝島社)がある。

退職金の3分の2で全力買いして1年後に7倍増を達成!

私はリーマン・ショック直後に退職金の3分の2に相当する2000万円をJリート(不動産投資信託)に投じ、その約1年後には7倍まで増やすことに成功して「億超え」を達成しました。さらに、2012年末から始まったアベノミクス相場でも強気の勝負を繰り広げ、

2017年末には資産を200倍に増やすことに成功しています。

最初の2000万円投入は、イチかバチかのギャンブルではなく、インカムゲイン（利回り収益＝分配金）の高さに注目したものでした。Jリートが異常な水準まで叩き売られた結果、その利回りは破格の高水準に達していたからです。

そのまま価格自体は安値に放置され続けたとしても、超高利回りのインカムゲインが手元に入ってくれれば、定年後の暮らしは十分に成り立つはずだと考えました。ただ、結果的には相場がV字を描いて反発し、約1年後には利益確定売りを行って多額のキャピタルゲイン（値上がり益）を獲得しました。

アベノミクス相場でさらに大きく増やせたのは、本格的な上昇トレンドの到来を事前に予期していたからということもあります。確かに東日本大震災の発生に民主党政権の迷走というダブルパンチで、アベノミクス相場前夜の株式市場は総悲観状態でした。全体的に相場は低迷を続け、市場参加者の数も激減していたことから、好業績が見込まれる銘柄さえ〝つれ安〟し、不当に割安な水準に放置されていました。しかし私は、民主党から自民党に政権が交代し、アベノミクスの経済政策が打ち出されたとき、これは本格的な相場の上昇があるだろうと考えていました。そこで、ノンバンクのJトラスト（8508）をはじめ、割安な高成長株に次々と投資を続け、結果的に冒頭で触れたようなパフォーマンスを達成できたのです。

特にJトラストは、業界自体が過払い金返還請求という超逆風に晒されていたこともあり、

成長性を完全に度外視した水準まで株価が叩き売られていました。その点を読みとれたところも、大きな成功の要因でした。

毎年30％増を目標に掲げ、追加資金も積極的に投入！

当時と比べれば、日経平均がバブル崩壊後の高値を更新し続けている今は、そこまで株価が割安になっている銘柄は数少ないといえるかもしれません。そういった情勢を踏まえると、今から億超えを達成するためには、それなりの元手と時間が必要となってきます。

例えば元手100万円から始めた場合、幸運にも倍々ゲームで毎年運用できたとしたら、計算上は7年程度で「億超え」を果たすことが可能です。しかしながら、7年間も倍々ゲームを続けるのは、極めてハードルが高いことだというのがシビアな現実でしょう。

その点、1000万円の元手を用意できる場合は、毎年30％ずつ増やす目標に引き下げても、9年目に「億超え」を達成できます。当然のことながら、元手の規模によって億超えのために求められるパフォーマンスは大きく異なってくるものです。

したがって、最初の時点で100万円しか用意できなかったとしても、コツコツと蓄えて追加の資金を投入し続けていくことが求められてきます。そうすれば、倍々ゲームのように危険な賭けではなく、毎年30％程度の無難な目標値を掲げて「億り人」を目指せるでしょう。

瞬く間に億超えを果たせた私は、環境的にも恵まれていたと思います。自分なりの確信をもとにまとまった資金で全力買いを行えたことも奏功していますが、私とまったく同じ行動を取ることは読者の皆さんにオススメしません。

年30%の利益拡大を継続できる小型成長株にターゲットを絞る!

では、年30%前後の株価上昇を期待できるのは、具体的にどういった投資対象なのでしょうか? それは年30%ペースの利益成長を継続できる小型株で、私自身が定年後に資産を大きく増やすためにメインのターゲットとしたのも業績の拡大トレンドが続く小型株でした。

短期的に株価はさまざまな要因によって変動しますが、中長期的には業績の推移を反映するものです。着実に前期比30%増のペースで利益が拡大していけば、株価もそれをトレースした上昇を遂げていく可能性が非常に高いといえるでしょう。

すでに育ち盛りのフェーズを過ぎた大型株にはコンスタントに30%成長することは期待しづらいですし、時価総額が大きすぎて株価の反応が鈍りがちです。これに対し、小型株は好材料が飛び出せば、利益成長の度合いを超える域まで株価が急騰することも期待できます。

ただし、業績の伸びをチェックする際には、利益の推移だけにとどまらず、売上も顕著に増えていることを確認することが大切です。なぜなら、利益はコストの削減や保有資産の売却などによって増えることがあり、そういったケースでは持続的な伸びを期待しづらいからです。

売上が着実に増加傾向を示すのは、その会社の製品・サービスが世間で高く支持されている

からこそ。売上が前期比1割増、2割増のペースで拡大していれば、それに伴って利益も2割増、3割増といったピッチで伸びていくはずです。

こうしたことから、「億超え」を目指して「毎年30％ずつ増やす」という目標を達成し続けるためには、「売上が右肩上がりを描きつつ、前期比30％増の利益拡大が見込まれる小型成長株」にターゲットを絞ることになります。もっとも、この条件だけでは不十分で、後述する2つ目の条件も満たす必要があります。

また、業績をチェックする際には今期予想ではなく、来期予想に注目します。今期の見通しはすでに株価に織り込まれている可能性が高く、まだ多くの市場参加者が目を向けていない来期以降の成長性を確認することが大事です。企業側は今期予想しか公表していないので、『株探』のアナリストコンセンサスや『会社四季報』の予想値で判断するといいでしょう。

株価がまだ割高な水準に達していないことも見逃せないポイント

できるだけ早く億超えを達成するための小型成長株投資において、見逃せないポイントとなってくるもう1つの条件とは何か？　それは、株価がまだ割高な水準に達していないことです。たとえ高成長が続く可能性が極めて高い企業であっても、より多くの市場参加者がそのことを期待して買いが活発化していたとしたら、おのずと株価の上値余地は限られてきます。いわゆる「織り込み済み」の状態で、すでに株価は割高な水準に達しているのです。

小型株は大口の投資家（金融機関をはじめとする機関投資家）が投資対象から外しているケースが多いことから、証券会社や運用会社のアナリストによる調査も概して手薄です。その結果、実際には高い成長性が見込まれる有望銘柄でありながら、株価には織り込まれていないというパターンが珍しくありません。

今後の業績見通しと比べて現状の株価が割安か割高かを判定する指標に、予想ＰＥＲ（今期予想に基づく株価収益率）と呼ばれるものがあります。そして、その倍率が20倍以下なら割安とみなすというのが一般的な解釈です。

ただ、業種によって妥当な水準に違いが見られますし、現時点では今期予想に対して割高な水準であったとしても、来期以降にさらなる業績拡大を遂げれば、それに伴って予想ＰＥＲは低下し、けっして割高ではなくなってきます。単純にＰＥＲの倍率だけで割安・割高を判断するのは好ましくないということです。

私がアベノミクス相場で大成功を収めた一例としてＪトラストという銘柄を挙げましたが、当時の同社は年30％の高成長が見込まれていたにもかかわらず、予想ＰＥＲがわずか5倍にすぎませんでした。現状の相場において、そこまで低倍率に甘んじている高成長小型株はかなり少なくなりましたが、やはり低ＰＥＲというモノサシは今でも有効です。

ＰＥＲは「株価÷ＥＰＳ（一株当たり利益）＝○倍」で計算されますが、例えばＰＥＲが5倍だったら、その会社が株主資本から生み出している利益（益回りという）は20％になります。

つまり、その会社に100万円投資したら、その20％の20万円を稼いでくれるわけです。

では、PERが20倍や30倍の銘柄は買わないのかといえば、そんなことはありません。PERが20倍でも、毎年30％程度の利益を上げていけば、3年後には利益が2倍くらいになりますので、PERは半分の10倍まで下がります。

このように、現時点では今期予想に対して割高な水準であったとしても、来期以降にさらなる業績拡大を遂げれば、それに伴って予想PERは低下し、けっして割高ではなくなってきます。つまり現状のグロース株も、将来はバリュー株になっていくわけですから、単純に現在のPERの倍率だけで割安・割高を判断するのは早急ということです。

このように、銘柄を選ぶ際には、PERは低いほどいい、しかし、当然ながら成長率も高いほうがいい、ということになります。そこで、この2つの兼ね備えた指標として私が用いているのが、PEGレシオです。

今後の業績拡大を踏まえて株価が割安か否かを判定するPEGレシオ

PEGレシオは、「予想PER÷利益成長率」という計算式で算出した数値で、成長率を加味したうえで株価が割安か否かを測定しているモノサシです。1倍以下が割安、2倍以上が割高というのが一般的な判断基準となっています。例えば、PERが40倍で一見すると割高であるように思われても、EPS（1株当たりの純利益）が80％増となる見通しなら「PEGレシオ＝40÷80＝0・5倍」で、成長性を見据えれば株価はかなり割安だと判断できます。
先に述べたように、予想ＰＥＲもその銘柄が来期以降にさらなる業績拡大を遂げれば低下し、割高感が解消されます。これに対し、ＰＥＲの水準訂正が行われるはるか前から、ＰＥＧレシオは株価が割安であることを教えてくれるわけです。

なお、私の場合は今期業績見通しに基づく予想ＰＥＲを単純に当てはめておらず、来期以降の成長性も加味した独自のＰＥＧレシオを算出しています。予想成長率を毎年達成した場合の「5年後の予想ＰＥＲ」も現時点の株価をもとに算出し、『会社四季報』が発売されたらその予想に合わせて数値を更新します。もちろん業績の上方（下方）修正などがあった場合はその都度数値を更新しますが、基本的には『四季報』が発売される年4回のデータ更新なので、その作業自体はさほど苦にはなりません。

億超えに近づくまでは、3〜5銘柄の高成長小型株に集中投資

１００万円や１０００万円といった規模の元手を投じる場合は、市場全体の動向や今後の政治経済の見通しなどといった大局はさほど意識する必要もないでしょう。あくまで個別銘柄の成長性に注目し、高成長が期待できる小型株を割安な水準で買うことに徹するのが一番です。

もちろん、「億超え」を果たした段階ではバランスの取れた資産配分が求められてくるので、日本経済や世界経済の情勢を見極めるマクロ分析も必要となってきます。私の場合も、常時

100銘柄程度に分散投資を図っています。

しかし、幅広く分散すると大きな痛手は負いにくいものの、高いパフォーマンスを期待しづらくなるのも確かです。その極例として挙げられるのがインデックス（株価指数）投資で、分散を徹底した結果、市場の平均的なパフォーマンスしか享受できません。

まだ億超えまで達していないフェーズでは、3～5社程度の高成長小型株に集中投資するほうが増やせる可能性も高まることでしょう。1社に絞り込むと「のるか反るか」になってきますが、数銘柄に分散しておけば、その中から30％増のパフォーマンスを達成するものが出てくる確率が高まります。ただし、買った後もしっかりとモニタリングしておくことも重要です。思い描いていた通りに業績が伸びていけば保有し続けるのが最善ですが、もしも陰りが見られるようになったら、即座に別の高成長小型株に乗り換えたほうがいいでしょう。

長期の目線で億超えを目指すとはいえ、着実に年30％増をクリアしていくうえでは、折々で最も勢いのある銘柄に乗り換えていくことも求められます。成長が頭打ち気味になった銘柄はさっさと切り捨て、目の前で躍進を遂げそうな銘柄に資金を移すのが得策です。

マクロ経済の見通しからも、中長期的な株高を大いに期待できる！

「億超え」を果たすまでマクロ分析はほとんど無用だと述べましたが、参考までに私の個人的な見通しについて記しておきましょう。

眼の前では、30年以上も続いたデフレ（物価下落）がようやく終わり、インフレ（物価上昇）が続く時代に転換しつつあるというパラダイムシフトが生じています。円安についても、米国が利上げを進める一方で日本は金融緩和策を継続しており、米国債と日本国債の金利差が拡大していることから、為替相場の流れはそう簡単に変わりそうにありません。

外需系の日本企業にとって円安は追い風ですし、インバウンド（訪日外国人旅行者）を誘う材料になってくるでしょう。インフレに伴ってさまざまな方面で値上げが行われていますが、家計にとっては痛手であっても、価格転嫁に成功した企業にとっては利益の拡大に結びつき、業績の拡大を期待できるでしょう。

さらに、２０２４年から新ＮＩＳＡ（少額投資非課税制度）が導入されることも、株式市場にとって朗報です。非課税枠の拡大や制度の恒久化などを好感し、今まで預貯金やタンス預金として眠っていた大量のお金が株式市場に流入することが期待されます。

こうしてインフレと円安、新ＮＩＳＡが中長期的な株高をもたらす可能性が高く、近い将来に日経平均が史上最高値（１９８９年12月の３万８９１５円）を更新するのはまず間違いないでしょう。それればかりか、10年後に10万円台を突破していても不思議はありません。

足元では中国経済のバブル崩壊が危惧されており、世界経済に悪影響を及ぼすことが警戒されています。しかし、当然ながら同国政府も何らかの手を打ってくるでしょうし、もはや中国のことはそこまで神経質にならなくてもいいと個人的には思っています。

ロシアのウクライナ侵攻を機に、世界は新たな冷戦時代に突入しており、米国や日本をはじめとする自由主義陣営と、ロシアや中国、北朝鮮といった共産主義陣営との間には大きな亀裂が生じています。

これまで米国は中国からの輸入に依存してきましたが、対立を機に自由主義陣営内での交易にシフトしていくことでしょう。そうなると、最も恩恵を受けるのが日本です。

技術的に最も幅広いニーズに応えられるのが我が国ですし、中国からのシフトを見据えてか、米国などの後ろ盾で半導体の生産拠点が日本で整備されようとしています。しかも、円安に伴って価格競争力でも優位に立っており、この新たな冷戦は日本にとって大きなチャンスともなってきそうです。

目先の展開に惑わされず、高成長を遂げる小型株を地道に探し出す

東京証券取引所がＰＢＲ（純資産倍率）１倍割れとなっている企業に改善を促したこともあって、２０２３年の相場において上昇が目立ったのは株価が割安な大型株でした。なお、同指標は企業が保有している資産に対して株価が割安か否かを判定するモノサシです。

こうしてバリュー（割安株）が盛んに物色された反動から、概してグロース（成長株）のパフォーマンスは冴えず、東証マザーズ指数の下落も鮮明でした。

しかし、こうした物色の傾向は常にバリューとグロースで変動します。先述したように、長

い目で見れば株価の推移は企業業績の動向にリンクするわけですから、目先の展開に惑わされず、高成長を遂げる小型株を地道に探し出すことが大事です。

現在、日本の株式市場に上場する企業数は約３９１１（２０２３年10月６日現在）もありますので、私は最初、これらの企業をＰＥＲなどの指標でまず機械的にスクリーニング（条件設定による絞り込み）にかけます。そして残った銘柄は自分自身の目で『会社四季報』に掲載されている情報を個別にチェックするようにしています。独自の来期業績予想を確認できるのがその理由の１つですが、場合によってはその数字の信頼性を疑い、その会社のホームページを調べたり、社長の発言を読んだりして自分なりの予測を打ち出すようにしています。

こうして深掘りすることで、ある程度成長の見込めそうな銘柄を絞り込みます。さらに『会社四季報』をめくりながら20～30社程度の候補をピックアップし、自分自身でも独自のリサーチを行って今後の利益の伸びを推察し、実際に資金を投じるべき銘柄を厳選していきます。

『会社四季報』のほかには、決算速報がリアルタイムで配信される『株探（https://kabutan.jp/）』なども、便利な情報源だと思います。

高成長小型株の宝庫

業種という視点から観測すれば、飛躍的な業績拡大を期待できる小型株は情報通信系と、生成ＡＩ（人工知能）をはじめとするＩＣＴ（情報通信技術）を巧みに活用するサービス業に集中しているといえるでしょう。特にその宝庫と位置づけられるのが後者です。

周知の通り、ＤＸの推進を通じて経営効率を高め、働き方改革も実現しようとしているのが世の中の全体的な動きです。こうした流れに乗り、インターネットを通じてより利便性の高いサービスを提供している企業はあちこちで飛躍を遂げています。そのパイオニアに位置づけられるのが米国のアマゾンでしょう。

足元で躍進している一例が人材派遣・人材紹介のサービスを展開しているテック企業です。人手不足が深刻化し、優秀な人材の獲得競争が熾烈化しているだけに、業績の拡大基調も顕著になっています。

参考までに具体例を挙げると、企業とフリーのコンサルタントをマッチングさせるサービスや、高いスキルを有するフリーランサーの転職支援を展開しているのがみらいワークス（６５６３）です。特にＩＴの分野ではエンジニア不足が鮮明で、同社のサービスが高い人気を博しているようです。

また、じげん（３６７９）は求人情報を一括検索できるサイトを運営しており、成果報酬型の課金システムが大きな強みとなっています。同社はＭ＆Ａ（企業買収）を駆使して規模の拡大にも意欲的で、その点からも高成長を期待できそうです。

もちろん、こうした利便性の高いサービスを提供しているのは、人材派遣・人材紹介の分野だけに限りません。Ｍａｃｂｅｅ Ｐｌａｎｅｔ（７０９５）はＬＴＶ（顧客生涯価値）予測

図21 みらいワークスの株価チャート(日足)

出典：株探(https://kabutan.jp/)

という独自の視点から、効果的なウェブ広告による集客支援サービスを提供しています。

アシロ（７３７８）はさまざまな専門分野に詳しい法律事務所の紹介・相談仲介を行うサイトを複数展開しており、ライバルである弁護士ドットコム（６０２７）に対する差別化を図っています。さらに、Ａｔｌａｓ Ｔｅｃｈｎｏｌｏｇｉｅｓ（９５６３）は決済の分野を中心に、フィンテック（ＩＴを活用した金融サービス）の活用に関するコンサルティングやプロジェクトの実行支援などを手掛けています。いずれも現時点で最低10万円以内から投資できる高成長小型株で、目先の株価の動向は気にしておらず、ほとんどチャートはチェックせずチョイスしています。目先はともかく、中長期的に右肩上がりを描くことを想定した選定です。

ここぞというときは信用取引で勝負をかける選択も

最後になりますが、本当に「超速での億超え」を狙う人は、信用取引でレバレッジをかけて大きな取引を行うという方法もあります。１００万円の資金で３３０万円まで投資できますし、同じ銘柄を現物と信用の両方で買う「二階建て」にすれば、３倍の利益を一気に10倍以上にすることもできるわけです。

やはり「億り人」になるような人は、「ここぞ」という勝負所で集中投資を行っているのです。私も冒頭お話ししたように、Ｊリートへの投資とアベノミクスという2度の大きな勝負所で資産を大きく増やすことができました。その意味では、これも先にお話しした「大相場」を迎えようとしている２０２３年末以降は、大きな勝負所といえるかもしれません。

もちろん、予想はあくまでも予想ですから、外れることもあります。自信のある銘柄に投資し、その会社が業績を上げていったとしても、コロナ・ショックのような予期せぬ要因で相場全体が落ち込んだときには、株価が下落する可能性もあります。その危険性も加味した上でリスク管理ができる人であれば、思い切って勝負に出るという選択肢を取ってもいいと思います。

また、今後は日本株だけでなく米国株やインド株に投資したり、金利高のうちに債券を購入しておくなど、投資の選択肢を広げていくのも一考かと思います。そのあたりはまた別の機会にご紹介できればと思います。

図22 今亀庵さんの1億円ロードマップ

STEP! 01 **できるだけ多くの元手を蓄える**

1年

可能であれば1000万円、無理なら追加の資金投入を繰り返し、できるだけ多くの元手で挑むと、年30%増のペースでも9年目に億超えが見えてくる。

STEP! 02 **年30%増の利益拡大が見込まれる小型株を狙う**

3年

売上が順調に拡大し、年30%のペースで利益が伸びることが期待される小型株にターゲットを絞り込む。大型株と違って、業績の伸びにビビットな反応を示す展開を期待できる。

STEP! 03 **必要に応じて銘柄を入れ替え、少しでも早い達成を目指す**

7〜9年

成長性に陰りが生じたら、躊躇せずその銘柄は売ってしまい、代わりの高成長小型株に資金をシフトさせる。こうした采配が奏功すれば、9年目という億超え目標の前倒し達成も!?

最短7年

1億円への目標期間
10年

超速で億り人を目指す投資家の最適解は超小型資産バリュー株投資

時価総額が小さい超小型の資産バリュー株への分散投資。銀行員時代の経験を元に、さまざまな失敗の積み重ねの後にたどり着いた投資法により5年で「億超え」を達成。

大陽線さん

投資歴23年の40代投資家。元銀行員で現在は地方公務員。銀行員時代に低PBR投資に目覚め、現在も時価総額100億円以下の小型低PBR銘柄を好んで買う。ただし流動性の観点から1/3は時価総額の大きな銘柄もポートフォリオに入れている。

左うちわのダメ経営者を見て「資本家になろう!」と決意

2000年に投資を始めてから5年ほどで運用資産が億超えし、その後、波はありつつも現在はその数倍に資産を増やしています。思い返せばこの23年間、やってきたことは基本的にずっと同じで、時価総額が非常に小さい「超小型」の「資産バリュー株」への分散投資です。

投資を始めたきっかけは大学生のとき、アルバイト仲間に東大の経済学部から日本興業銀行に就職した先輩がいて、その人に経済書を勧められて読んだことでした。

その本に書いてあった「信用創造」のしくみに衝撃を受けたのです。専門用語なのでちょっとお堅いのですが、平たくいうと「世の中に流通しているお金は銀行が生み出している」ということです。

日本銀行が金融緩和をするといっても、できるのは金利を下げたり国債の売買をしたりしてお金を借りやすくするだけで、実際には企業や我々消費者が銀行からお金を借りると、その分だけ世の中に出回るお金が増えるのです。これを信用創造、あるいは「万年筆マネー」といったりします。銀行員がお金を借りにきたお客さんの通帳に万年筆で数字を書き込んだときにお金が生まれる、という比喩です。つまり、我々が生きる資本主義社会では、その血液であるお金を生み出す銀行が最強なんじゃないか?と考え、新卒でメガバンクの一角に就職しました。

入社後の配属先は東京下町の支店でした。多くの地場の中小零細企業を見て行く中で、どう考えても本業はさっぱり振るわないのに、やたらと羽振りのいい経営者の方がいました。儲かってないはずなのに、どうしてこんなふうに余裕たっぷりで、いい暮らしができるんだ?と思い、つい若気の至りで単刀直入に尋ねてしまったのです。すると返ってきたのが「株だよ、株。こんなしょぼい商売で儲かるわけないのは、あなたもよくわかってるでしょ」という言葉でした。

出入り業者にすぎない銀行員の自分は、あくせく働いてお金を稼ぐしかない。その一方で、

商売をそんなに一生懸命やらなくても、資本、つまり株を持っていれば勝手に金を稼いでくれる。労働者と資本家の差を身に染みて理解した瞬間でした。このとき、自分も株を持って資本家に回らないといけないという明確な志向が生まれたのです。

バフェットに感化されバリュー投資に傾倒

投資を始めたときの資金は300万円でした。間もなくテレビ東京の経済情報番組で、「投資だけで世界一の大金持ちになった老人」が紹介されていたのを見ました。今や個人投資家なら知らない者はいない、投資の神様ことウォーレン・バフェットです。

彼の著書『バフェットからの手紙』を買って読んだところ、その投資にまつわる考え方や投資手法、財務や会計についての認識など、すべてに感服させられました。

単に株を安く買って高く売るということでなく、「株式投資とは企業のオーナーになることだ」というバフェット流の株式投資観は、私が個人的な経験で感じた「労働者から資本家に回る」という考え方にマッチしていました。彼の格言めいた言い回しも面白く、例えば「たとえ証券取引所が10年間閉鎖されることがあっても、喜んで持ち続けたい銘柄だけを買いなさい」など、まさに企業のオーナーになるという考え方をキャッチーに表現していると思います。こうして、バフェットに出会ったことで私は「企業の価値より安い価格で株を買う」バリュー投資に傾倒することになったのです。

銀行では融資を担当していたので、企業の財務諸表を読みこなすスキルは身についていました。そこで、仕事と同じ要領で企業の資産価値を把握し、それに対して株価が割安な「資産バリュー株」投資を始めます。

今、東証は上場企業に対してPBRが1倍を上回るようハッパをかけていますが、当時は今にもまして、時価総額が資産価値よりはるかに小さい銘柄がゴロゴロありました。企業の流動資産、つまり現金、受取手形、有価証券などから負債を引いた金額が時価総額を上回る「ネットネット株」も珍しくありませんでした。仮にその企業を買収した場合、即換金可能な資産だけで買収費用の元が取れてしまうわけですから、その企業の株を買うことは、かなり安全に儲けられる投資だと考えられるわけです。

私が行っている、「超小型株」の資産バリュー投資に導いてくれたのが、『ウォール街で勝つ法則　株式投資で最高の収益を上げるために』（バンローリング）という本です。米国株式市場の歴史から市場平均を上回る投資戦略を紹介した本で、低PERや低PBRといった単純なバリュー投資に加えて、時価総額が小さい株式への投資が有効だとする「小型株効果」を紹介していました。分散投資を前提とするなら時価総額はより小さいほうが良く、さらに小型株とバリュー株を組み合わせると飛躍的に投資成績が良くなることを知り、おそらく日本でも同じだろうと考えて、超小型資産バリュー株投資に全力投球しようと決めたのです。

2004年ごろから、「含み資産株（※）」に対して、村上ファンドのような「物言う株主」、

（※）保有する資産の時価が簿価よりはるかに大きい株

アクティビストが大幅な配当増額を迫る事件がたびたび発生します。私が投資していた資産バリュー株も、連想から大きな利益を上げるようになりました。

2006年には運用資産1億超えを達成しますが、その後はリーマンショックもあり一時は運用資産が4000万円まで墜落。とはいえ超小型資産バリュー株投資が長期で報われることには確信があったので、淡々と継続しながら日経平均のオプションをいじって小遣い稼ぎをしていました。そしてアベノミクスで息を吹き返し、2020年春のコロナショック前には運用資産は2億5000万円になっていました。その後は資産バリュー株に追い風が吹いたこともあり、運用資産は順調に増加しています。

今、自分の中で1つ目標にしているのが、運用資産8億円を超えることです。8億円で配当利回り3％のポートフォリオを組めば、税引き前の年収が2400万円になります。何もせずこの年収を得られるなら、イヤなことは一切やらなくてもまずまず豊かに生活できます。これが私の考えるＦＩＲＥで、それまでは資産の増減に一喜一憂せず、超小型資産バリュー株投資を楽しみながら続けていくつもりです。

ブレやすいＰＬよりメイクする必要のないＢＳに注目

株式投資で一番大事なのは、自分自身と向き合うことだと考えています。

早く勝ちたいと思うと、どうしても、儲かる手法やトレードの技術を追い求めてしまいがちです。「これはいい！」という投資手法に出会って真似してみても、やはり自分に合った手法でないと良い結果は出せません。

アベノミクスが始まってから、すでに10年以上が経過しました。今投資をしている人の多くは、アベノミクス以前の、まるで仮死状態のように凍り付いた株式市場を経験していないと思います。市場の調子が良ければ、そこで勝っている手法を真似るだけでもある程度は儲かるでしょう。ただ、それは「何をやっても儲かる相場だから」勝てているだけで、必ずしも自分の実力で勝っているとはいえません。

そうこうしているうちに地合いが悪くなり、なかなか勝てない時期がやってきます。そのとき、自分の性格に合った投資法を確立していないと、自信を失って投資を続けることができなくなってしまいます。合理的な手法であれば、地合いが変われば必ず復活できます。投資はやめたら絶対に儲からないので、少々渋い成績が続いても、信じて続けることが大事なのです。

実は、私は企業の成長性を見抜いたり、利益の予想をしたりするのはあまり得意ではありません。そのため、バフェットの影響で投資を始めたものの、バフェット流の収益バリュー投資（将来、長期間にわたって利益を上げ続ける企業を割安な価格で買う手法）はやっていません。

資産バリュー投資はBS（貸借対照表）を読み込んで、まじめに資産を計算すれば実践できます。こういう地道な手法が自分には合っているので、4～5年にわたって調子が悪いときでも淡々と続けることができました。その結果が、「億超え」の資産につながったのです。

私が資産バリュー投資を好むのは、銀行員時代の経験が大きく関わっています。PL（損益計算書）は収入と支出の記録ですから、ビジネスの調子次第で年によって大きく変化することが珍しくありません。また、経営陣の意向で、法令に触れない範囲内でもある程度数字をメイクすることが可能です。それに比べると、BSは企業が保有する負債と資産の記録なので、その変化も基本的には業務上の足し引きの範囲内です。必要に迫られて資産売却などをしない限り、通常営業であれば年によって大きく変化することはありませんし、資産をメイクする必要もありません。常に不確定で上下しやすく、予想しにくい売上高や利益を追うより、計算が立つ資産に着目して割安度を判定するほうが、堅実性が高い投資だと思っています。

時価総額80億円以下の超小型株20～30銘柄に分散投資

投資を行う際には、常に20～30銘柄程度に分散投資しています。最近は投資額が大きくなってきたので、大型株にも投資するようになりました。本当は自信のある10銘柄くらいに絞り込みたいところですが、超小型株を手がけていると、そうもいかない事情があります。

まず第1に、超小型株は日々の出来高が少ないため、値動きも小さくなります。そのため、あまり銘柄数を絞り込んでしまうとポートフォリオが全体的に小動きになり、若干退屈してしまいます。そして第2に、より大事なのが流動性の確保です。超小型株はひとたびトラブルや大きな経済ショックでもあれば、売りばかりが殺到してまったく寄らず（売買が成立せず）、逃げられない可能性があります。このような、いわゆる「流動性リスク」を小さくするために、セクターが散らばるように分散投資をしているのです。

ちなみに、私が考える「超小型株」は時価総額25億円を下回るイメージです。東証だけでなく、札幌や名古屋、福岡など地方の取引所に上場している銘柄も買います。ただ、時価総額をそこまでに限定すると、投資先の質が下がってしまいます。ですから対象を80億円程度まで広げ、あくまで割安さをベースとして、その上で時価総額が低ければなお良しという感じです。

好きなセクターはゼネコンです。鹿島や大成、清水のような巨大ゼネコンではなく、特定の地域に根付いていて、キャッシュを豊富に持っている銘柄であれば最高です。地場のゼネコンは公共投資で稼いでいることが多いので、年ごとに需要が大きく増減しにくいのです。元々の業績のブレが少なく、それに政府の経済対策と企業の受注残の数字を重ね合わせれば、業績を読むことはさほど難しくありません。特に読みやすいのが道路で、大きな建築物と違って完成までの期間が短いので、受注すればすぐ業績に反映されます。ゼネコンはコツコツ稼いできちんと配当してくれて、キャッシュリッチな企業も少なくないので、超小型資産バリュー株投資の模範のようなセクターだといえます。

「安全域」を確保して、株価が下がっても持ち続ける

バフェットが唱えたという、有名な「金持ちになるためのルール」をご存じでしょうか?

「第1ルール、損しないこと。第2ルール、第1ルールを忘れるな」

というものです。ルールは2つしかなく、とてもシンプルです。

「そりゃあそうだ」と、拍子抜けした人もいるでしょうか。とはいえ真理ではあります。

私はこのルールを守るために、企業が保有する資産よりも低い時価総額、つまり低い株価で購入することで、「安全域」を確保する投資を心がけています。

その入口として、まずは利益や資産、事業価値などを参照する指標を使って、割安な銘柄をざっと100～200社程度スクリーニングで拾い上げ、その中から資産の中身やビジネスについて精査していきます。

私にとって「損をしない」というのは、なるべく損切りをせずに済むような投資を心がけるという意味です。超小型資産バリュー株投資をしていると、買った直後に株価が下がってそのまま塩漬けになることは日常茶飯事です。安全域を確保しているとはいえ、日々の株価は投資家の思惑で動きますから、含み損を抱えることはもちろんあります。許容範囲内の含み損は損ではない、問題ないというスタンスです。

もう1つ、値動きについていえるのは、資産バリュー株投資の場合、株価が下がるほどその銘柄の魅力が増すということです。自分が投資している銘柄の価値と、株価の差が広がることは、すなわち、安全域の拡大を意味します。つまり、そこでは本来、買い増しをすることが合理的な判断なのに、株価が下落したからといって慌てて損切りをするのは、非合理的な投資行動になってしまいます。したがって、その銘柄を購入した際に見定めた企業の価値が急落したり、あるいはもっと良い銘柄が見つかったりしない限りは、株価が下がってもずっと持ち続けます。

リーマン・ショック以降の数年、アベノミクスで息を吹き返すまで、日本の株式市場が仮死状態になっていたということは、前にも説明しました。自分の手法に確信を持てていない人なら、心が折れても不思議でない地合いが長く続きましたが、私は淡々と自分の投資を続けていました。なぜなら、保有株のPERとPBRが軒並みけた外れに低かったため、むしろ株価低迷に関係なく順調にビジネスを続けて日々利益と資産を積み上げてくれているからこそ、PERとPBRが下がっているんだと思えたからです（※PERは1株当たりの当期利益、PBRは1株当たりの純資産が分子で、共に株価が分母になるので、分子の当期利益か純資産が上がり、分母の株価が下がれば、それぞれの数値が下がるという考え方）。

株を買った時点で、投資家は株主でありその企業のオーナーになっています。企業の利益はオーナーの財布に入っているようなものですし、その一部である配当は年2回支払われます。企業がビジネスを続けた結果、BPS（1株当たり純資産）が積み上がっていけば、それを反映して株価はいずれ上がります。

むしろBPSの積み上がりと低迷する株価の差こそが、株主が得る投資収益の源泉なのですから、含み損は正直、苦ではありません。私の超小型資産バリュー株投資への確信は、1ミリたりともぶれることはありませんでした。

企業の「人となり」を知る有効な手段は「IRに電話する」こと

銘柄のスクリーニングは「四季報オンライン」を利用しています。使っている指標は「EV/EBITDA」「PER」「PBR」の3つです。中でも一番重視しているのがEV/EBITDAで、これは事業価値（EV、株式時価総額+有利子負債−余剰資金−非事業性資産）を、企業が稼ぎ出した最初の利益（EBITDA、利払い前・税引き前・減価償却前利益）で割って求めます。M&Aの際に買収先の企業価値算定に使われる指標で、企業のオーナーとなることが株式投資であるという私の考えに合致しています。数値が小さいほうが割安です。

PERは、今期より来期のPERが低くなっている会社のほうが、業績が上向きということなので望ましいといえます。低PBRに着目するなら有利子負債が少ないほうがよいでしょう。

指標でピックアップした銘柄を精査する際は、有価証券報告書を読み、ホームページにも目を通します。「沿革」や「事業の内容」を読んで企業の成り立ちを知り、ビジネスモデルや製品情報なども把握していきます。含み資産を探すのが好きなので、資産の質は有価証券報告書の「主な設備の状況」などを読んでチェックします。

理解しきれないときはIRに電話して聞きます。社名の由来や沿革、商品の用途、消費者の日常生活のどんな場面で役立っているのか、ライバル社や業界の動向など、その企業の「人となり」が腑に落ちるまで徹底的に調べます。オーナーならこれらの事情は知っていて当然だと思うからです。

ＩＲに電話をするときは、調べればわかるようなことは聞かないのが最低限のマナーです。ＩＲ担当者も人間ですから、あまりにも勉強が足りない人、取るに足らないことばかり聞いてくる人には、たとえ株主であってもそれなりの対応になってしまうのが人情です。聞いた話では、ＩＲに対して「おたくの株価は割安ですか？　買いですか？」などと聞いてくる投資家がいるそうです。常識的に考えれば、企業が対外的に「うちの株は買いです」などと、揚げ足を取られるようなことをいうわけがありません。そんな投資家が増えるとＩＲ担当者のやる気も失われかねないので、質問を吟味した上で連絡するべきだと私は考えます。

好きな会社は、ニッチな分野でトップだったり、唯一の商品力を誇っていたりする会社です。先述した特定の地域を押さえているゼネコン、その会社にしか作れない商品を作っているメーカーなどが典型です。

資金量の小さい個人投資家にとっては、小型株に分散投資して小型株効果を享受することこそ、億り人への最短ルートであると考えています。良い銘柄が複数ピックアップできたときは、時価総額が低い順に買うようにしています。

超小型株は出来高が少ないため、欲しい株数を買い付けるまでに、流動性の問題で想定より少々割高な株価で買わざるを得ない場合があります。自分の発注で株価が上がってしまうということです。とはいえ、仮に5～10％程度損をしたところで小型株効果のメリットと比べれば無視できるレベルです。１日の出来高の４分の１程度であれば、あまり価格形成に影響を与えずに売買できます。

超小型株投資の良い点は、その会社の実像が見えやすいことです。どんな人が働いていて、どんな場所に工場があって、どんな顧客がいて、どんな歴史があってという会社の「人となり」が、少し調べるだけで腑に落ちるようになってきます。そうなると、投資が今流行りの「推し活」にも似てきて、だんぜん楽しくなってくるのです。「推し」の企業が、自分の代わりに働いて稼いでくれているわけですから、そこには感謝や愛が自然と生まれてきます。こういう思いがあるからこそ、超小型株投資はやめられません。

超小型資産バリュー株投資をしていると、株価が割安なまま一向に上昇しない「バリュートラップ」といわれる状況にはまり込むことは珍しくありません。そんなときでも、「推し活」であればじっと持ち続けることができます。投資歴が長くなると、底なし沼に引きずり込まれるような厳しい相場を経験するときが必ずやってきます。そういうときに、保有する銘柄への愛があれば投資を継続できるはずです。

投資の「ストーリー」＝「他の投資家も欲しがるセールスポイント」

銘柄選びではもう1点、他の投資家に勧めたくなるようなストーリーがあるものを選ぶことが重要です。ストーリー＝セールスポイントと考えるとわかりやすいでしょう。超小型資産バ

図23 加藤製作所の株価推移（週足）

出典：株探（https://kabutan.jp/）

リュー株投資では、比較的マイナーな銘柄ばかりに投資することになるので、火がつけば燃え上がる「薪」がありそうな銘柄に投資する必要があるのです。

過去の成功例を３銘柄ご紹介します。

「リストラ終了からの復活」というストーリーが功を奏したのが、建設用クレーン大手の加藤製作所（６３９０）です（図23）。ＰＢＲ０・２倍という、信じられないような激安銘柄で、２０２１年、22年と大赤字でした。ところが、赤字対応のリストラはすでに終わっており、新製品も投入されるなど希望は見えていました。クレーンオペレーターの友人に話を聞いてみると、同社の新製品は使いやすく良い製品だとわかったので、２０２２年末に７００円あたりで購入。５月には１３００円を突破し、現在も保有中です。

図24　東京自働機械の株価推移（週足）

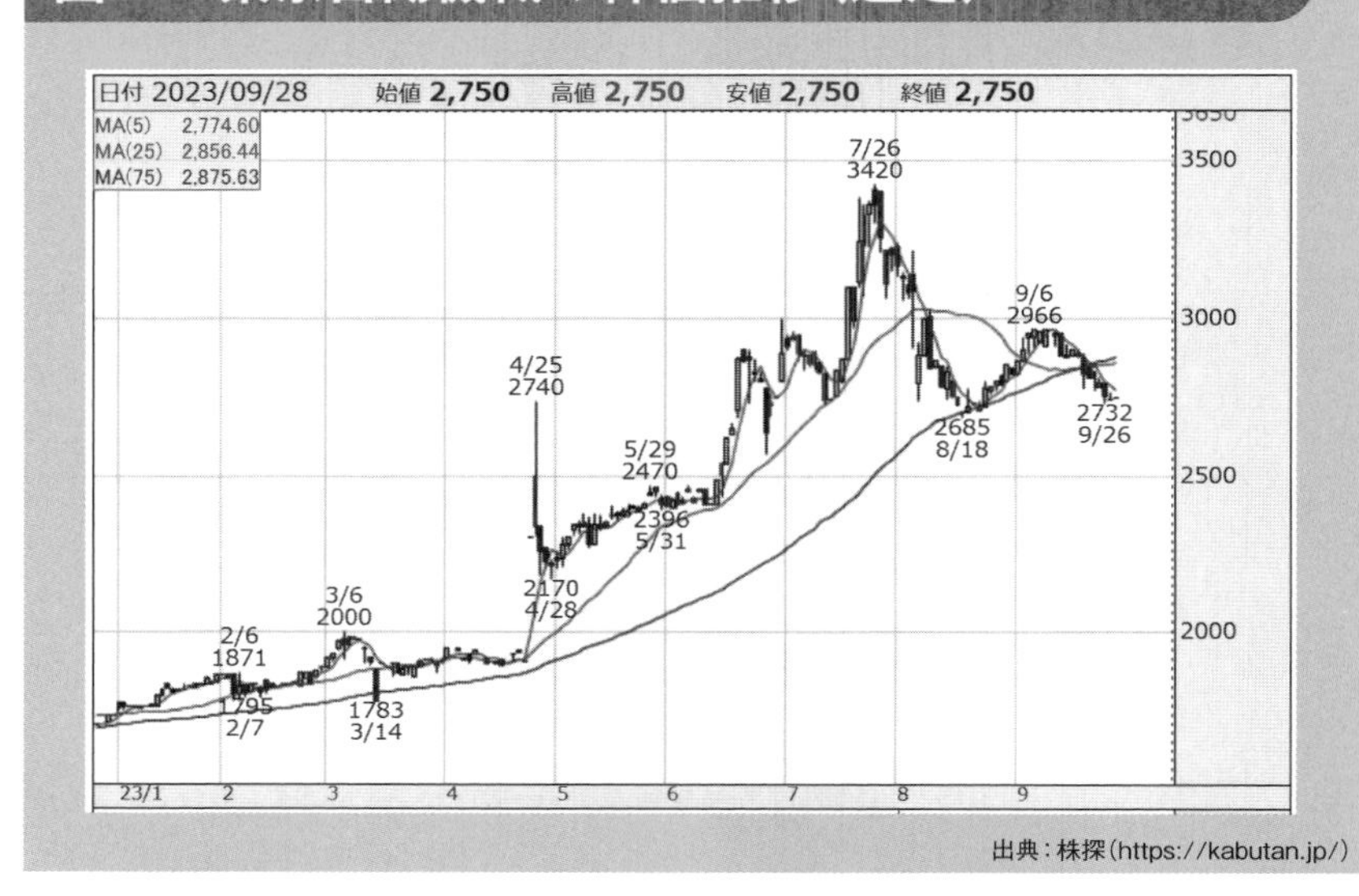

出典：株探（https://kabutan.jp/）

「大型受注」ストーリーにうまく乗れたのが、包装機械メーカーで海外売上が大きい東京自働機械製作所（６３６０／図24）です。

『会社四季報』に「期初受注残が前期比２倍」という記載があり、ＩＲに電話で確認をとりました。その発注先がどこかは教えてもらえなかったのですが、有価証券報告書を見ると、取引先にジョンソン・エンド・ジョンソン（ＪＮＪ）とあります。そこで同社について調べてみたところ、アイルランドで工場のラインを増やしていることがわかり、おそらくそこで東京自働機械製作所の製品が配置されているのだろうと推測することができました。ジョンソン・エンド・ジョンソンのような超優良企業からの大型受注自体が朗報である上に、前受金を潤沢に受領しており、有利な条件の取引でもあることも推察できまし

図25　南海化学の株価推移（日足）

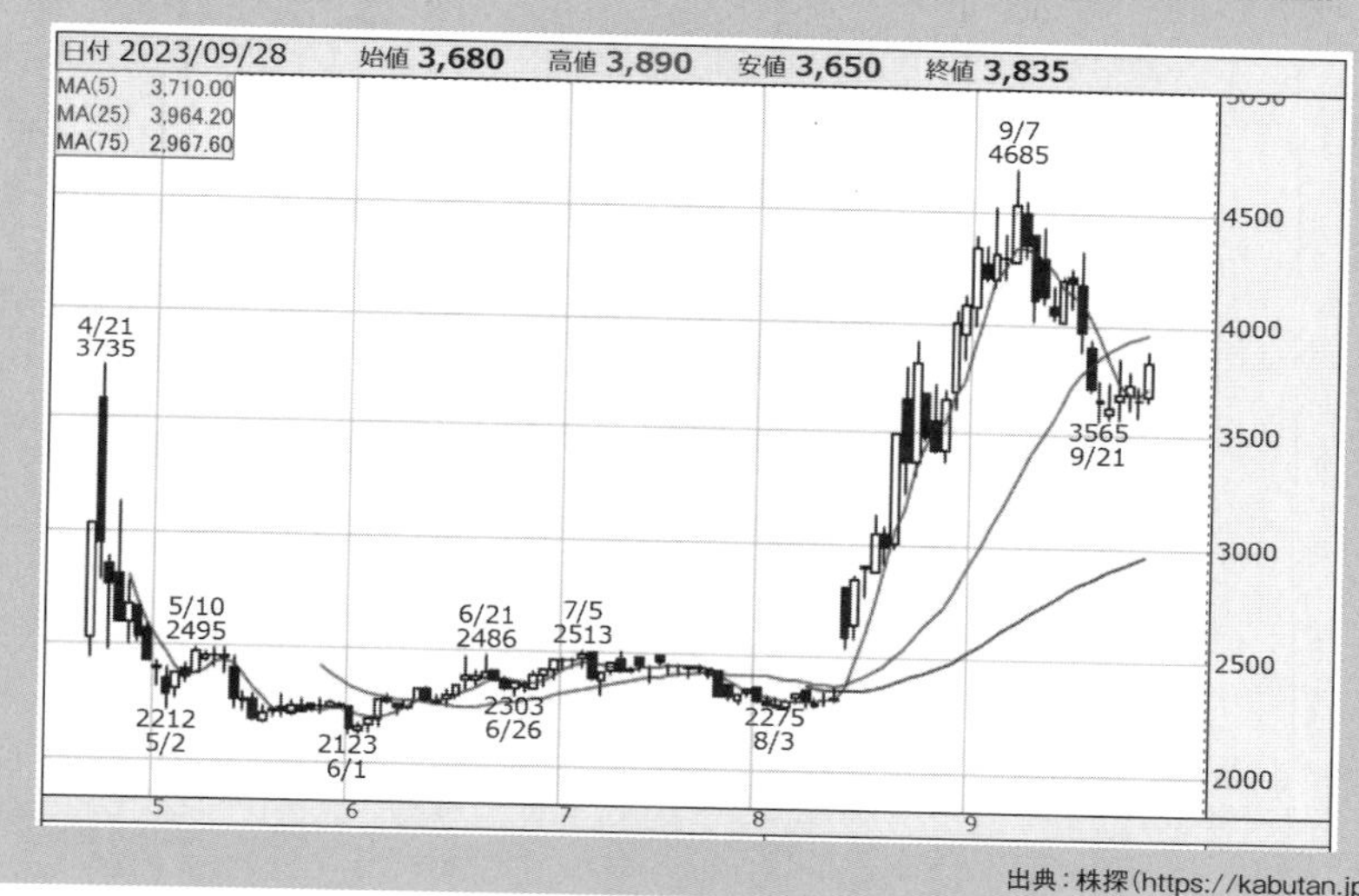

出典：株探（https://kabutan.jp/）

た。そもそも同社は秋葉原駅前に本社ビルを保有するほか、つきあいの深い食品会社との持ち合い株も多く保有する資産バリュー株です。株価1500円近辺で購入し、その後株価は2倍になりました。

「知られざる資産売却」という、少々ヒミツめいたストーリーを探求してうまくいったのが南海化学（4040／図25）です。

2023年の4月にIPOをして3735円の高値を付けたのち、同年6月には2100円台まで下落していました。借入金の多い会社でしたが、IPOくずれのチャートが気になって、有価証券報告書を読んだところ、子会社である富士アミドケミカルの事業を終了させ、その本社工場の土地を隣接する中外製薬に60億円で売却していたことがわかりました。しかし、まだ、土地の引き渡し前だったため売却代金は10億円しか受領していなかったのです。

そこで当時、株式時価総額50億円程度に過ぎなかった同社のBSに近々入金される50億円を加えてみたところ、きわめてキャッシュが潤沢な資産バリュー株になることがわかりました。その後株価が4600円を超え、購入時から株価は約2倍に上昇しています。

超小型資産バリュー株投資は、企業のBSを自分でコツコツ調べることが苦にならない人に向いています。裏を返すと、「小型株は一般的に成長性があってボラティリティ（株価の変動率）が高い」と決めてかかり、自分で調べず他人の分析に乗っかるような人は、いいカモになってしまうと思います。

例えば時価総額100億円前後の小型株で、著名な個人投資家や投資インフルエンサーなどがSNSなどで推している銘柄は、地雷中の地雷です。「超成長株」「テンバガー」「億り人が持っている」「凄腕が買っている」というふれこみの銘柄は「触らぬ神に祟りなし」と覚えてください。「地雷銘柄」は、そもそもあてにならない将来の成長が過剰に期待されていることに加えて、有名人が推奨したというだけで安易に乗っかるイナゴ投資家が殺到しています。もはや旨味がまったくない状態になり果てている銘柄に後乗りしたところで、墜落に付き合わされるのがオチです。

株式投資で堅実に儲けるには、企業の価値に対して株価が低迷している銘柄に投資して、その差が埋まることで実現する利益を取ることがベストです。私は、自分が注目した銘柄について分析している人が誰もおらず、SNSでも誰もつぶやいていないという状況で、その不安感にひとり萌えながら投資をしています。

資産形成のスピードを上げるためには「信用取引」も活用

超小型資産バリュー株投資は、ストーリーが当たれば短期間に株価は大きく上昇しますが、それまでに長くかかる銘柄もあります。

長期で確実に億り人に近づける方法ではありますが、短期間で達成できるかどうかは「運任せ」の部分があることも否定できません。

当たったときの利幅を大きくして、資産形成のスピードを上げるための方法に信用取引があります。信用取引は危険な投資法と思われがちですが、どうしても成果を急ぎたい人が活用することは否定しませんし、私自身も信用取引を行っています。

信用取引をする上で、最も重要なのはリスク管理です。保有する株式を担保にしてさらに株を買うので、担保が半額になってもポジションを維持できるよう、常にシミュレーションを欠かさないようにしましょう。

レバレッジは3・3倍まで利かせることができますが、最大でも現物と信用の割合を1：1にとどめておきます。これ以上のレバレッジにすると、災害や急な暴落が来たときに、最悪、証券会社によって強制決済されてしまう可能性があるからです。

アクシデントの種類によっては、大型株なら少々株価が下がったとしても売れますが、超小型株は値がつかず売れないこともあります。私がポートフォリオの半分を大型株にしているのは、いつでも売れる株を信用の担保にするという意味合いもあります。急落が来たときに、担保になっている大型株を売って現金化すれば、担保価値が上がります。株を担保にすると担保価値は株価の70％ですが、売ればその金額が担保になるので、担保価値が30％分増えるのです。担保の中身も流動性を考えて構成することが大事です。

このように、信用取引は暴落の際に担保の価値まで暴落するので、現物だけのポートフォリオ運用に比べて恐怖感が増幅します。それにどう対処するか、レバレッジをどれくらいの倍率で収めるかといった方針は、自分自身と向き合って決めるべきでしょう。信用取引は、自分のリスク許容度をよく見極めてから始める必要があるといえます。

とはいえ実際のところ、信用取引とバリュー株投資は相性が良いのです。バリュー株投資は安全域を重視する投資なので、暴落に強く株価が下がりにくい点が特徴です。リスク管理さえ怠らなければ、一般信用の無期限でレバレッジを維持しておくことで、資産形成の効率がアップします。

信用取引のおもなコストは金利です。金利は証券会社によってかなり違いがあるので、できるだけ安い証券会社を選びます。ネット証券2強のＳＢＩ証券と楽天証券は、ともに一般信用の金利は2・8％です。

この2社を含め、ネット証券ではどこも金利に大差はありません。ところが対面証券の雄である野村證券は、オンライン専用支店（野村ネット&コール口座、ほっとダイレクト口座）を利用すると、金利0・5%で無期限信用取引ができます。つまり、信用取引をするなら「野村證券一択」です。

この金利メリットをわかりやすく説明するため、ROE（株主資本利益率）と比較してみましょう。株式投資で長期的に得られるリターンは、ROEとおおむね等しいと考えられます。実際に、超長期の日本株のリターンは平均すると7%程度ですし、「伊藤レポート（※）」でもいわれている日本株のROEのメドは8%です。

信用取引を利用する場合、SBI証券の2・8%と野村證券の0・5%で、金利に2・3%もの違いがあります。仮に8%のリターンに2倍のレバレッジをかけたとして、野村證券の信用金利0・5%なら15%のリターンが得られますが、SBI証券の2・8%の場合、リターンは10・4%に下がってしまいます。資産拡大のスピードアップを狙うなら、手間を惜しんではいけません。

超小型資産バリュー株投資で年30%～50%のリターンも

株式投資をする上で最も大事なのは、自分の性格と向き合って楽しく続けられる投資法を確立することだと私は思います。例えば、仕事帰りに飲んで帰宅してから、『会社四季報』のページをめくるのが苦痛にならないくらい投資が好きになれたら、それは投資に向いているという

（※）一橋大学の伊藤邦雄教授（当時）を座長とした、経済産業省の「『持続的成長への競争力とインセンティブ～企業と投資家の望ましい関係構築～』プロジェクト」の最終報告書の通称。2014年8月に公表された。

ことでしょう。投資の手法はいろいろあるので、楽しくやれる投資法を見つけていただきたいと思います。

長期的に株式投資を楽しみ、人生もお財布も豊かにするには、小型株効果を活かした投資が最強だと思います。中でも資産バリュー株投資は、学生時代に社会なり歴史の勉強が好きだった人に向いていると思います。

BSはその会社の歴史そのものです。会社の沿革を知り、商品の展開やビジネスの変遷を知ることは、社会や歴史の勉強に似ています。

また、経済の基本に立ち返れば、経済成長が続く限り、株式投資は勝ちがほぼ確定したゲームです。経済成長のかなりの割合を上場企業の成長が占めているからです。この点が腑に落ちる人は、株式投資に向いているといえます。なるべく損をしないように安全域を確保しながら、気長に投資を続けていきましょう。

大損をして市場から退場させられたら、投資そのものができなくなってしまいますので、「億超え」どころか資産形成も終わってしまいます。

今日のような地合いなら、超小型資産バリュー株投資で年30%～50%のリターンを得ることも難しくないと思います。信用取引を使えば1年で倍になることもあるでしょう。超小型株はストーリーがはまったときの爆発力はものすごいので、超速で億り人になるには打ってつけの投資であると、自信を持ってお勧めします。

図26 大陽線さんの1億円ロードマップ

STEP! 01 100万円から1000万円に到達

今すぐ～3年後

元手100万円からスタートし毎月10万円の入金。今の地合いがもう少し続き、信用取引で年利100%で運用すると3年目に資産1000万円を突破。

STEP! 02 資産8500万円を突破

～9年後

地合いの悪化を想定し、信用取引のレバレッジを下げて年利50%で運用。9年目に資産は8500万円を超え、1億円間近。

STEP! 03 資産1億円を超えさらに夢は広がる

～10年後

運用資産が大きくなってくるので、大型株もポートフォリオに入れて流動性を確保。年利30%で運用を継続し、10年目には億り人に到達。

最短10年

相場に居続けることで株価上昇や暴落の気配を察知。バリュー株を中心とした分散投資でリスクを回避しつつ投資資金を機動的に動かしながら一気に資産を増やす。

たかゆきさん

大学生のときから株を始め投資歴25年。妻と子供の3人暮らし。億超えの資産を築くことに成功し12年前に専業投資家に。投資スタイルは、バリュー株を中心とした分散投資で、現在は幅広く500銘柄ほどを保有。信用取引も使いながら超機動的に投資資金を動かす。優待銘柄も数多く漫画好きで、最近では『推しの子』『呪術廻戦』を全巻まとめてクオカードで購入。数々の億り人投資家にも一目置かれる存在である彼のベールに包まれたその手法が今明らかに。

人生の転機は投資資金が劇的に増えた運命の出会い

プロフィールにある通り、私が投資を始めたのは大学3年生だった1998年、ネット証券の黎明期です。しかし実は、株そのものに出会い興味関心を持ったのは高校生のときでした。中高一貫校に通っていましたが、ちょうどまだバブル経済真っただ中の中学3年生の頃、同級生が株取引をしていて、すごいことになっているというのが第一印象でした。

21歳の大学在学中に初めて株取引をしました。ちょうど法学部で会社法を学んでいたことや、先の中学時代の経験、さらには親も株式投資をしていた影響などもあったと思います。実家は裕福というよりは貧しいほうで、大学も奨学金をもらいながら通っていました。

そんな中で、ひたすら家庭教師のバイトをしながら資金を貯め、20万円で当時の大和銀行（現りそな銀行）の株を買ったのが最初でした。入金を繰り返しては株を買うことをしていましたが、車を買って通学に使い、旅行をするなどもしていたため、それほど目立った資産の増え方はしませんでした。

転機となったのは26歳のときにした結婚です。当時、嫁のほうが自分よりも多く貯金を持っており、投資をしたいからその貯金を使わせてくれないかとダメもとでお願いをしたところ、貸すだけならいいよと言ってくれたのです。そこで軍資金が一気に増えたことが、資産を増やす1つのきっかけとなりました。

なお、当時のことを改めて嫁に聞くと、なんで貸す気になったのかわからない、今なら絶対貸さないと言われました。これが私の株式投資における最初のキセキだったかもしれません。

車も売却するなど、妻のおかげで質素な生活になったことも、仕事での収入を投資に回すうえで幸いしました。公団住宅の2DKで家賃5万円のところに住み、新婚でのケチケチ生活も今では楽しい思い出です。２０００円以上のモノはすべて「高っ！」て思って生活していましたし、スーパー玉出の1円セールに足繁く通ったことを懐かしく思い出します。

この、投資を始めて5年経った頃に運用資金が突然2倍以上に増えたということは、さまざまな変化をもたらしました。まず、資金が増えると、やること、やれることが変わってきます。

例えば、投資資金200万円と500万円では、買える銘柄も変わってきますし、ポートフォリオの銘柄分散も効きやすくなります。分散していけば、個別銘柄の多少の失敗による損失も資産全体から見ると軽微となるため、動揺する必要なく反省として次に生かせます。また信用取引の枠も増え、機動的に割安株を拾うことができ、投資リターンも運用額の規模以上に跳ね上がります。

信用取引を使うとなると、それはそれでリスクがあるというご意見はごもっともかと思いますが、そこは続きを読んでいただけたらわかっていただける部分もあるかと思います。

自分でも言語化が難しい「ゆるっ」として「ふわっ」とした手法

さて、私の投資手法は基本的に「ゆるっ」として「ふわっ」とした、いわゆる「ゆるふわ」な投資手法です。小難しい数式も使わないし、適時開示を細かく追いかけたり、決算書の隅から隅まで読み込んだり、誰も気づかないようなマニアックな企業分析をするわけでもありません。おそらく銘柄選択という点においては、特別な選び方をしている感じはまったくなく、初心者でもできるような極めてオーソドックスなやり方だと思います。

また、短期間で億り人に到達する人にありがちな、1銘柄に全力投資して一発当てようというようなギャンブル的手法でもありません。

私の手法のベースを簡単にいえば、株価が値下がりしにくいバリュー株に分散投資をしていくというものです。現状は500銘柄ほど保有しています。しかもどれかの銘柄に偏らせることもなく、本当の超分散です。過去に、保有していた航空会社のスカイマークが倒産してしまう（民事再生法を申請後、現在は再上場を果たす）ことがありましたが、これだけ分散すれば被害はとても軽微になるため、とても安全な資産運用です。

では、テンバガー（10倍株）になりにくいバリュー株で、しかも集中投資ではなく分散する手法で、どうして資産を築くことができたのか。

私自身も不思議です。その答えは恐らく、チャンスと見るや、時として分散投資という原則は崩さぬまま信用取引で限度額近くまで買い進めていくことと、相場環境が悪化すると見込んだときには潔く株を売却して現金化、つまりキャッシュポジションに替えるということを、とても機動的に行っているところに投資のエッジがあるのではないかと思います。

銘柄選択はシンプルなバリュー目線

私の銘柄選択は、プライベート・マーケット・バリュー（Private Market Value：PMV）を意識したバリュー目線が中心となっています。バブル崩壊後の失われた30年を株式相場で経験して生き残った投資歴20年ぐらいの古参の投資家がよく実践しているバリュー株投資ですね。

プライベート・マーケット・バリューは、「事業家的市場価値」とも訳されます。簡単にいえば、「企業を買収しようと考えている人が、その企業を買収するために支払う額」のことです。買収するために支払うとしたらこのくらいの金額となるという企業価値計算です。

まずは一般的なプライベート・マーケット・バリューの手法を簡単にご紹介します。企業価値評価と一口に言っても、何に基づいて評価するかによって、以下の3つの手法に分類することができます。

①インカムアプローチ…会社の将来キャッシュフローに基づく評価手法
②コストアプローチ…会社の貸借対照表に基づく評価手法
③マーケットアプローチ…上場会社の指標や他の取引事例に基づく評価手法

私の場合、これら3つのアプローチを組み合わせて銘柄選択をしています。ここで初心者の方は、「小難しい手法ではないといっていたはずなのに」と感じられるかもしれません。なんだか凄そうなことをしているように聞こえるかもしれませんが、ベースの考え方（フレームワーク）として採用しているだけで、実際はとても「ゆるふわ」な基準で取り組んでいます。聞けば、「なんだそんなことか」というような内容かと思います。それでは1つずつ説明します。

銘柄選択の基本はＰＥＲとＰＢＲと配当利回りのみ

①インカムアプローチ

インカムアプローチとは、企業の将来的な収益性をベースにする企業価値の算定方法です。具体的には、将来稼ぐと予想されるキャッシュフロー（お金の流れ）や利益を用いて算出します。その手法には大きく２つあり、１つがＤＣＦ法（ディスカウンテッドキャッシュフロー法／割引現在価値法）、もう１つが配当割引モデルです。その内容は今回細かく説明しませんが、将来の収益力を反映した企業価値を算定するという視点になります。

で、実際私の場合は、単純にＰＥＲが何倍なのかと、配当利回りがどのくらいかということを基準を決めて見るだけです。とても「ゆるふわ」ですよね。

②コストアプローチ

コストアプローチとは、貸借対照表の純資産をベースにする企業価値算定方法です。貸借対照表とは資産・負債・資本を一覧表にしたもので、企業の財政状態を明らかにするために作成される計算書のことです。その代表的な算定方法には、清算価値法、再調達原価法、時価純資産価額法、簿価純資産価額法の４つがあります。

しかし、これも実際私の場合は、単純にＰＢＲの基準を決めて見ているだけです。

ＰＥＲやＰＢＲの基準自体はその時々の相場の状況で変化させますが、現在の相場ならＰＥＲは８倍以下、ＰＢＲは０・５倍以下といったところでしょうか。これらは『株探』のスクリー

図27 プライベート・マーケット・バリュー

●プライベート・マーケット・バリュー（事業家的市場価値）を図る3つの評価手法

銘柄選択アプローチ		
	インカムアプローチ	会社の将来キャッシュフローに基づく評価手法 例：DCF法、配当割引モデル
	コストアプローチ	会社の貸借対照表に基づく評価手法 例：清算価値法、再調達原価法、時価純資産価額法、簿価純資産価額法
	マーケットアプローチ	上場会社の指標や他の取引事例に基づく評価手法 例：市場株価法、類似会社比準法、類似取引比準法

●たかゆきさん流バリュー株銘柄選択術

銘柄選択アプローチ		
	インカムアプローチ	会社の将来キャッシュフローに基づく評価手法 ⇒PERと配当利回り
	コストアプローチ	会社の貸借対照表に基づく評価手法 ⇒PBR
	マーケットアプローチ	上場会社の指標や他の取引事例に基づく評価手法 ⇒マクロ情報と長年の経験で培った相場観

ニングでも簡単に探せると思います。このスクリーニングで大体100銘柄が残るぐらいになるよう、状況に応じて基準を調整している感じです。その後、会社ホームページや『会社四季報』などを見ながら20社ぐらいに対象を絞り込みます。

例えば、直近では日本郵政（6178）を購入しています。PERは18倍と若干高めですが、PBRは0・4倍、それも含み資産を考慮すれば実質0・1倍とも考えることができます。また、国民が年賀状を出さなくなってきたため世間一般では収益面で悪材料と思われていますが、実態とし

図28　たかゆきさんのTOB&MBO一覧

証券コード	企業名	事業内容	詳細
3316	東京日産コンピュータシステム	東京日産自動車をルーツに持つSI企業	キヤノンマーケティングジャパンによるTOB
3677	システム情報	独立系SI	MBO
4621	ロックペイント	自動車補修用塗料の大手	MBO
4636	T&A　TOKA	化学メーカー	米ベインキャピタルによるTOB
7618	ピーシーデポコーポレーション	PC量販店から会員へのサービス事業を展開	MBO
8168	ケーヨー	中堅ホームセンター	同業のDCMホールディングスによるTOB

て年賀状の売り上げ自体は全体からすると大きくありません。おそらく皆さんが抱いているほど悪くなく、実態としては影響が軽微であるという認識のギャップがあることが、実態よりも株価を押し下げているのではないかと判断しています。配当利回りは４％を超え、過去の売り出しを吸収する自社株買いを行っていることや、２０２０年に社長に就任した増田寛也社長は、父親が農林官僚で参議院議員を務めた増田盛氏であり、本人も総務大臣の他、野村総合研究所顧問、日本創成会議座長などを歴任した人物で期待が持てるといった、複数の観点で見ています。そして、最終的にその銘柄を購入するか判断しています。

ちなみに、どのような場面で購入した株を売却するかというと、1つにはバリュエーションです。割安なバリュー株として購入した株が割高になれば売却するのですが、その基準が明確にあるわけではなく、新規に購入を検討した銘柄との入れ替えというのが基本になります。

あとはＴＯＢ（Take Over Bid／株式公開買付）やＭＢ

O（Management Buy-Out／経営陣による買収）といった、誰かに強制的に買われてしまうような場面での売却パターンも多いです。もともとバリュー目線で銘柄選択をしていることもあり、このようなケースは比較的多くなりがちです。2023年も思い出せる範囲で6銘柄ほどありますが、もう少しあったように思います。

マーケットアプローチが一番重要

③マーケットアプローチ

マーケットアプローチとは、市場取引をベースにする企業価値の算定方法です。その代表的な算定方法には、市場株価法・類似会社比準法・類似取引比準法の3つの方法があります。今現在、市場で取引される際にどのような評価を受けるかを見るもので、相場環境などが色濃く反映されます。実は、このマーケットアプローチが、私にとってはとても重要で、かつ言語化が難しい部分になります。

なぜ大切かというと、いくら個別銘柄を分析してよい銘柄を見つけたとしても、相場環境が悪ければすべての銘柄が売られてしまいます。悪い相場環境の中では、大きな流れに逆らうメダカのようなものになってしまいます。いい銘柄を買っても単に値下がり幅が小さくなるだけということになりかねません。

そこで、やはりマクロの大きな経済の方向性と資金の流れなどを追いかけたほうが良いのではないかと考えました。

成長性視点で捉えた「①インカムアプローチ」と、過去の実績を現在価値視点で見た「②コストアプローチ」に加え、この相場観を捉える「③マーケットアプローチ」を重視する、というのが、私がたどり着いた投資手法の背景です。

日々の新聞やネットニュースのチェックが欠かせない

では、どのようにマーケットアプローチをするのか。どのようなマクロ指標を見ていて、それをどのように活用しどう判断しているのかが気になるかと思います。ここがどうしても言語化が難しいと述べた部分になります。

もともと新聞やネットニュースを見るのが好きだったこともあり、個別銘柄の細かい分析などのミクロより、経済環境や国の施策などマクロの情報を重視していました。しかし、具体的に何を見て、どうなると景気がよさそうとか暴落が来そうで危ないと判断しているのかといわれると、総合的に判断しているとしか表現ができないからです。

さまざまなニュースや情報をたくさん頭の中にインプットしていくことで、全体的に何となく株価が下がりそう、景気が後退しそう、危険な感じがするといった判断に、本当に何となく「ゆるふわ」で結びついていくという感じです。長年の経験と相場観、過去の苦い失敗などを踏まえて、これから株式市場に資金が流れてくるのか、それとも資金が流出して暴落が来るの

かなどを見極めています。

これは長く相場にいるが故の経験と勘というものがあるように思います。こういう環境下にあるときにはその後株価が大きく下がった、あるいは上がったというような感覚が自然と身についているのです。そして、そのような情報がスクリーニングして出てきた銘柄とどこかでつながったりして、この銘柄はいい、セクターは伸びるからこれは行けそうだといった判断にも結びついていきます。

例えば、２０２３年９月21日に、訪米中の岸田文雄首相がニューヨークで投資家向けに日本の資産運用業の強化へ海外勢の参入を促すための「資産運用特区」を設けると表明したというニュースがありました。英語で行政対応を完結できるようにするなど外国人を呼び込む環境を整えるものでした。もちろん、そのニュースだけで株の売買をすることはありません。ただ単純に「ああ、外資が日本株を買いにくるんだなぁ」という印象をインプットしていきます。こういうような情報をたくさん積み重ねていく感じです。

気になる情報を集めて相場観を築き上げる

では、最近の相場観をどのように見ているか参考に述べておきます。最近は、億り人が量産されすぎていて、株の勉強会も募集枠がすぐ埋まってしまう状態が続いていて、とても過熱感が強いように思います。片手でホームランを打つように、軽々と億り人になっている印象があります。もちろん、嘘のパフォーマンスを公表したことがばれて、ネット上から消えていく人も数知れずいますが、玉石混交で、そのように乱立している状況があります。

一方で世界のニュースに目を向けると、今は中国の景気が良くなく、悪いニュースも非常に多く流れてきます。またアメリカも景気の過熱感から金利の高い状態が続き、いつ景気が減速傾向に向かうか不透明な状況に思えます。このように相場が崩れそうな気配を感じ取ったなら、相場が崩れる前にみなよりも先回りして売り抜けておく。このような感覚をとても大切にしています。

折しも、現状はバリュー株が活況を呈しており、私のポートフォリオも値上がり銘柄が多くパフォーマンスも順調ですが、これも好調だった相場が崩れる最後のサインであることが多いと感じています。

そのような状況から、今はポジションを減らしつつある状況です。個人的には、このように投資をいったん小休止してキャッシュポジションを増やすようなことができないと危ないと考えています。これまで自分が相場で勝ててきたのは、この降りる感覚があったからだと思っています。

それゆえに、例えばリーマンショックの際もほとんど株を持たずキャッシュポジション化した状態で乗り切ることができました。当時は、その混乱が収まった頃を見計らって、トヨタ自動車（7203）などを信用取引の枠も使いながら積極的に買い、今の資産を築いてきました。

また、ネットでは２０２４年から始まる新ＮＩＳＡ制度が立ち上がれば、株式市場に新たな資金が流入し半年ぐらいは活況を呈するのではという見方もあります。仮に、それが正しいとするならば、私は絶対に半年を待たずに一端株を売却します。常に少しだけ先回りをする、ということを徹底しています。同じように、購入したバリュー株が値上りして、ある程度フェアバリューになるならば、それよりも少し前に売りたいと、そう考えます。

それから、これまでの常識では、相場の終わりに近づくにつれて売買単位である単元株が高額となる値がさ株から低位株に資金が移っていくというアノマリーがありましたが、今回ばかりはそうはならないのではないかとも思います。それは数年前から東証が取り組んでいる単元株の売買金額を抑える政策が関係していると考えていて、今は10万円以下で買える銘柄が昔に比べ圧倒的に多くなりました。この増えすぎた低位株の数が関係して、このアノマリーは昔のように効かなくなったのではないかと考えています。

このように、常に相場と向き合いながら、常識を身に付けつつ、その常識をアップデートしていく作業を繰り返しています。

バリュー投資家との違いはカタリストを重視していない点

億り人となった投資家の多くが行っているのは、プライベート・マーケット・バリューの算出と同時に、カタリスト分析とを組み合わせて投資することです。

プライベート・マーケット・バリューだけを見る単純なバリュー株投資ですと、株価がバリューのまま放置され何年間も一向に株価が上がらない、いわゆるバリュートラップにはまる可能性があります。そのため、直近話題化して注目を浴びることで割安に放置された株価の水準訂正が起きそうなカタリスト（触媒）があることと組み合わせて銘柄選択をするのが、資産を短期間で増やすのに効率がよいとされています。

一般的にカタリストと呼ばれるものには、例えば、企業固有のカタリストとして、事業のスピンオフ、自社株の大量買戻し、経営陣の交代、新事業への投資、大株主の変更などがあげられます。また、事業環境に関連するカタリストとしては、法律や条例、税務裁定、金融政策、契約基準の変更、注目テーマに該当するなどがあげられます。

私の投資手法の場合、もちろんカタリストがあるに越したことはありませんが、そこはあまり重要視していません。自分がカタリストで買うことがあるのは、TOBの可能性が見え隠れする場合です。親子上場であったり、事業再編が起きやすい環境にあったり、という状況分析になります。

私がバリュー株を選ぶ理由は、とにかく私の投資手法は値下がりしにくい銘柄を買うことをベースとするためです。なぜならばマクロ経済を見て、暴落し底をつけたと判断した際には、信用取引の枠も活用して一気に勝負をかけるわけですが、そのときには下値不安が少ない下がりにくい銘柄を、しかも超分散で買うということが資金管理の上で、とても大切になるからです。

図29 たかゆきさんの投資手法

銘柄選択

PERと配当利回り

PBR

X（旧Twitter）やネットの情報

下落の可能性が少ない
バリュー株を選択

ポートフォリオ

できるだけ均等に分散

優待銘柄も多め

分散により個別株のリスクを排除
銘柄増で優待も増加し生活防衛にも一役

資金管理

マクロ情報

長年の経験で培った相場観

相場が好調なときは信用取引で利益を拡大
危ないと感じたら早めに売ってポジション調整
暴落の際には信用取引で全力買い

つまり資産を増やすための源泉は信用取引によるレバレッジ

ここぞというときには全力買いする

レバレッジをかけるリスクを減少させる３つの手法

下値余地の少ないバリュー株を扱う

分散することで企業個別のリスクを低減する

培った相場観で大きな下落に巻き込まれないようにする

優待銘柄とは相性がよい手法

例えば優待のある銘柄も、株価が下がりにくくなる作用があるため買うことが多いです。直近、株主優待を廃止する企業も多く、廃止直後に株価が暴落するような現象も多く見受けられますが、実際のところ優待を廃止しがちな銘柄は高ＰＢＲの銘柄です。私が好む低ＰＢＲ銘柄はそもそも会社自身が資産を多く持っている状態の銘柄なので廃止リスクそのものが低いと考えます。

なお、優待投資家に人気のＱＵＯカードですが、あれは実施しやすい半面、優待廃止も決断しやすく注意が必要かもしれません。

このような銘柄選択をしていくため、時価総額の大小にはあまりこだわりません。分散もするので１銘柄の購入金額もさほど大きくならないという側面もあります。私の銘柄選択は先に述べた通り、ほかの優秀なバリュー投資家の皆さんよりも、もっと「ゆるふわ」な方法なのです。

ちなみにある程度相場が読めるならば下落を予想したときに空売りをして儲けることができるという発想もありえます。

しかし、私の場合は過去２００５年に、阪神タイガースの優勝で株価が噴きあがった阪神電鉄株を空売りしたところ、そこに村上ファンドが入ってきて株価が吊り上がり、盛大に踏まれて大損をした苦い経験があります。それ以来、空売りはやらないことに決めました。

今は短期間で億り人になるチャンスかもしれない

現在は、ゴルディロックス相場が12年も続いた特異な相場環境にあると分析しています。ゴルディロックス相場とは、過熱もせず冷え込みもしない、適度な状況にある相場のことを言います。英国の童話『ゴルディロックスと3匹のくま』に登場する少女ゴルディロックス（Goldilocks）がくまの家で飲んだ熱すぎず冷たすぎない、ちょうど良い温かさのスープが語源です。このような相場環境の後は、株価が落ちるときは一気に落ちるというのが私の経験則です。

今は、日経平均が仮に5分の1になったとしても生き残れるようにポートフォリオをコントロールすることが大切だと思っています。

一方で、下落した際は絶好の買いのチャンスであり、資産を一気に増やす好機となる可能性が高くなります。これから一気に億り人を目指す読者の皆さんは、そのときが来るのを相場に居続けながらしっかりと準備をしていれば、短期間での億り人も夢ではないのではないかと思います。

短期間で億り人になるということは、例えば１００万円で投資した株が１００倍になる、10万円投資した株が10倍になるのを3回繰り返す、あるいは毎日デイトレードで20万円の利益を出す作業を５００回繰り返すなど、さまざまなやり方があるものと思います。

そのように例えるなら、私の場合は、嫁からお金を借りて、リーマン・ショックなどの未曽有の事態のさなかに信用取引を活用してレバレッジをかけ一気に駆け上がるというストーリーになるでしょうか。

この身内からお金を借りて、あるいは信用取引という制度を使ってお金を借りて、投資をするということで億り人にたどり着く近道をした人は、自分の投資仲間の中でも少なからずいます。そのような結果から見ても、手段としてはありなのだろうと思います。

実際ビジネスの世界でも、とっておきのアイディアや商品・サービスを思いついたとして、誰しも最初は借金や出資者を募る形でビジネスを立ち上げ大きくするものです。決して、手段としての借金は、即座に悪ということでもないのだと思います。

ただ、私のやり方で億り人を目指すときには、相場が暴落したときに大きなチャンスが来るため、暴落待ちという側面もあります。そのとき、他の投資家と同じように暴落に巻き込まれてしまっては元も子もありません。危ないと感じたら柔軟にかつ機動的に、資金を事前に引き揚げておくということが必要になります。ただ、これが一般的に難しい作業のようです。周りでもうまく立ち回れている投資家をあまり多くは見かけません。

失敗をし、それを糧にすることが億り人への近道

私自身も、過去の投資の失敗は、腐るほどたくさんあります。そのような経験が確実に糧となって、相場観や景気、資金の流れを読むときの感覚を研ぎ澄ますことに役に立っていると実

感しています。

皆さんも投資で失敗することがあると思います。そこで投資をやめてしまうのは本当にもったいないことです。なぜなら、せっかく授業料を払って失敗という経験を学んだのに、その失敗を生かさず投資をやめてしまったら、授業料をドブに捨て、かつ経験も活用する場もなく時間の無駄にしてしまうことになります。

仮に失敗の経験が次の投資の糧にできたならば、失敗の数は徐々に減っていきます。私もそうでした。

初めは、投資の経験を積むことと、投資に回せる資金をどうやって作るかが一番重要になります。その後は、暴落に注意しながら投資で資産を増やしつつ、いざ暴落が来たら、半値になってそれ以上は下がりにくいバリュー株に分散しながら、信用取引を使って買い向かう勇気があれば、短期間で一気に資産を4倍にすることも夢ではありません。

そんなやり方、目指し方もあるのだということが今回、皆さんにお伝えできれば幸いです。ただ、決して真似したり推奨したりできるやり方ではないかもしれません。私自身、これまでとても運が良かったなと思うとともに、資金を提供してくれた嫁や、いつも相談に乗ってくれる周りの個人投資家の仲間たちに支えられてここまで来たとも思っています。

図30　たかゆきさんの1億円ロードマップ

STEP! 01

元手300万円から投資スタート

1年

PBRの低いバリュー株を分散して買い、水準訂正、TOBやMBO狙いなどで着実に増やす。元手は当然ながら多いほうが「億」到達への期間も短くなる。初めは身内から借りて資金を調達した億り人も少なくない。

STEP! 02

短期で「億り人」を目指すなら信用取引も

3年

相場の浮き沈みをマクロ情報で読みながらチャンスが来れば信用取引も使って積極的に買い、4倍くらいを目安に資産を一気に増やす。

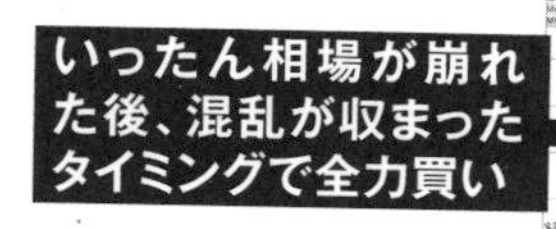

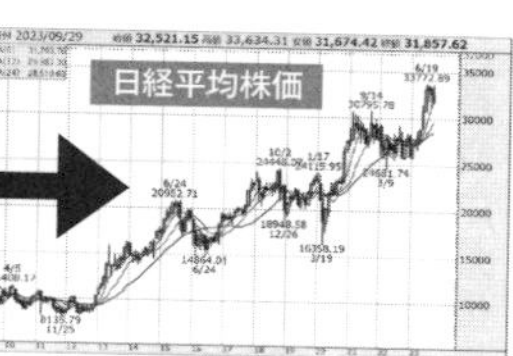

STEP! 03

相場の動き次第だが5年で億超えも

5年

300万円の元手が4倍で1200万円。さらに4倍で4800万円、そこから2倍で1億円…。相場の動きにもよるが、最短5年程度での億超えも不可能ではない。

最短5年

1億円への目標期間 12年

長期・短期投資の「二刀流」でリスクを回避しながら大きな利を上げる

短期で「億超え」を目指す場合も、無謀に集中投資するだけではなく、安全は担保しておきたい。長期の口座で確実に稼ぎ、短期の口座で大きく勝負に出る。二刀流投資の技を紹介。

はと55さん

投資歴12年の兼業投資家。割烹・小料理屋店主。一般企業の経理部門で働いていた知識を元に、独立・開店後の2011年から株式投資を開始。2023年に運用資産1億円を達成し、億り人の仲間入りを果たす。仕事柄、飲食関連の成長銘柄を見抜くのが得意。銘柄探しの情報は、主に街歩きやドライブ、店の常連客との会話などから得ている。

意外にあっけなく「億り人」の仲間入り

私は、12年ほど前に40～50万円の元手で投資を始めて、4～5年で資産を一気に7000万円くらいまで増やしました。そのときは、「億」もそう遠い話ではないかと思っていましたが、そこからが長かったですね。

結局、資産が増えてくると欲が出て投資の手法に迷いが出ますし、相場の状況によっては大きな含み損を抱えることもあります。さらにいえば、「運」もあります。しかしそこで耐え抜いて続けてきたからこそ、「億超え」まで到達することができたのだと思います。結局、最終的には資産1億円までの2000万円くらいは、コロナ・ショック後の数カ月で達成してしまいましたので、意外にあっけなく「億り人」の仲間入りができたという感じです。

このように、当初、株式投資なんてハードルが高くて手が出せないものだと思っていた私でも、実際にやってみればそれなりの資産を築くことができたので、同じような思いで本格的に投資に踏み出せない人にも、参考になる部分はあるのではないかと思っています。そこで前半は失敗経験も含めて私の投資遍歴をお話し、後半で具体的な投資手法をご紹介したいと思います。

一時は集中投資で2000万円の損失も

株式投資を始めたのは2011年のことです。東日本大震災の年ですが、投資を始めたきっかけと震災はまったく関係ありません。

もともと経理の学校を出て、就職した会社でも経理の仕事に携わっていたので、財務諸表など、会社の数字に関しての知識はある程度持っていました。その後会社を辞めて板前の修業をし、独立・開業するまではまったく経理も株式も関係ない世界におりました。しかし自分の店を経営するようになると、嫌でも店の売上や利益、経費などと向き合わなければなりません。

株式投資を始めたのは、店のアイドルタイム（昼の営業から夜の営業の間の休み時間など）を有効に使うという意味もあったのですが、株をやり、いろいろな企業の業績やビジネスモデルを見ていくことで、それが店の経営にも反映できます。そういう一挙両得のメリットを考えて始めたということもありました。

最初に買ったのはソフトバンク（現・ソフトバンクグループ／９９８４）の株で、当時の株価は１５００円くらいだったと思います。40～50万円で３００株くらい買ったでしょうか。当時のソフトバンクといえば、ｉＰｈｏｎｅなどの携帯事業も好調で、勢いがありましたからね。

ただ、すぐに手放すのが私の悪い癖だと、よく他の投資家の皆さんからもいわれるんですが、ソフトバンクの株はそれほど長く保有せずに売ってしまいました。ずっと持っていれば、かなりの儲けにはなったと思います。途中で分割もしていますし（２０２３年9月末現在の株価は６３３５円）。

その後はわりと順調に成果を上げて、先にもお話ししましたように、４～5年で７０００万円くらいまで資産を増やしました。その後、アベノミクスの追い風などもあって資産をさらに増やしましたが、そこから先が失敗の繰り返しでした。

一番大きな失敗は、２０１６年11月に上場廃止になったアキュセラ・インク株で、２０００万円くらいの損失を出したと思います。

最近の失敗例は商船三井（９１０４）です。ここ数年、海運業で大きく儲けた投資家の方は多いと思いますが、私の場合は買ったところで機関投資家の売りがドカンと入って急落し、慌てて売ったらまた株価が上がり……という繰り返しで、気が付けば大きなマイナスになっていました。そんな感じで、少し儲けては大きく張って、大きく減らす、また資産を大きく減らす、ということを繰り返し、コロナ・ショックあたりまで資産はずっと横ばいを続けていました。

しかし2023年に入ってから、なかなか下げそうで下げない不思議な相場にうまく乗っかって、今までの含み損がすべてプラスになったのです。具体的には、わずか9カ月ほどの間で2000万円ほどのプラスになり、一気に「億超え」を達成しました。

100倍株のガンホーを初動で手放す

こうした自分の過去の投資歴をさかのぼって、良い点、悪い点を振り返ってみると、次のようなことがわかりました。

まず、順調だった最初の4~5年は、自分なりにテーマを決めて投資をしていたと思います。当時でいうとアニメや、それに付随するゲームなどの、「萌え株」をわりと集中的に買っていました。いわゆる「オタク」が一般化してきた時代ですので、ブロッコリー（後に上場廃止）、マーベラス（7844）、まんだらけ（2652）の3銘柄に集中的に投資し、利益を大きく伸ばしました。

当時はガンホー（ガンホー・オンライン・エンターテイメント／3765）の株がテンバガー

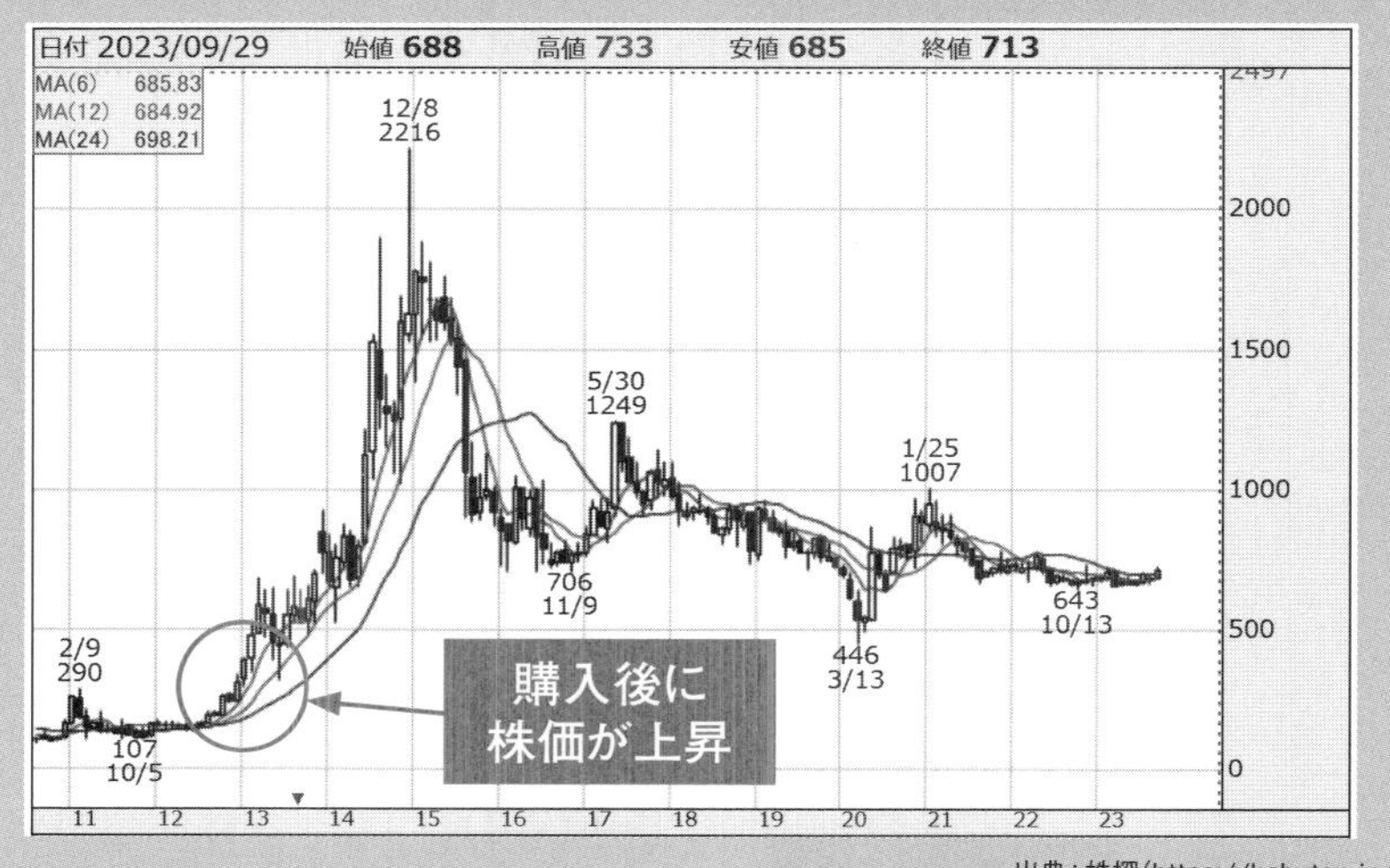

出典：株探(https://kabutan.jp/)

図32　まんだらけの株価推移(月足)

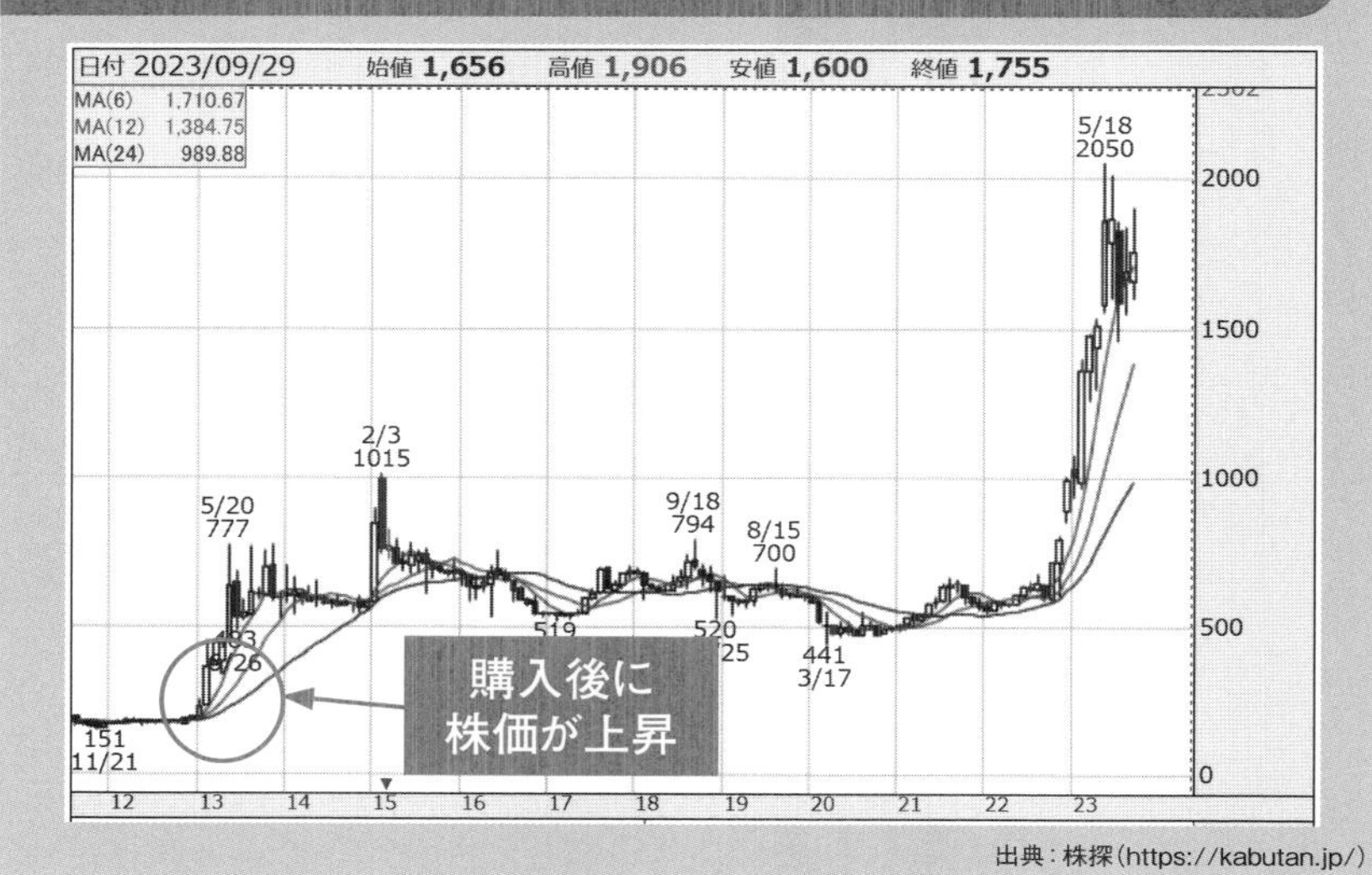

出典：株探(https://kabutan.jp/)

図33　ガンホーの株価推移（月足）

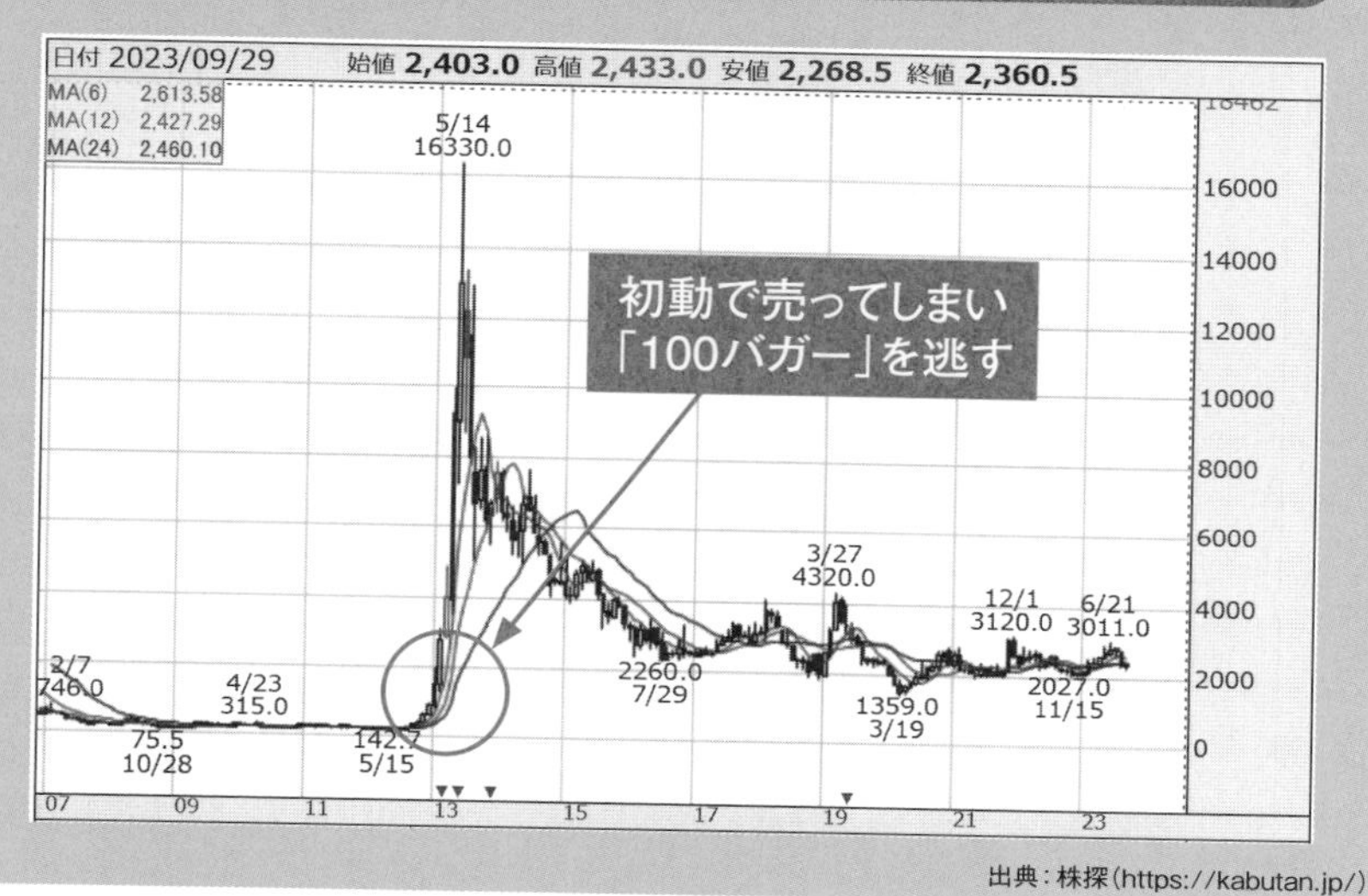

出典：株探（https://kabutan.jp/）

どころか「100バガー」になって大きな話題となりました。しかし私は、ガンホー株を持っていたにもかかわらず、初動で売ってしまいました。当時は30～40%も値上がりすれば嬉しいと思っていたので、すぐに利確してしまったのですが、その後株価はどんどんどんどん上がって、買えなくなってしまったのです。あのとき、もう少しガンホーの株を売るのを我慢していれば、もっと早く「億超え」を達成できていたかもしれませんが、そういう「たら、れば」を数え上げたらキリがありません。

ただ、そのときの教訓としていえるのは、自分が得意とするテーマであれば、今がブームなのか、すでにブームは去っているのかということが肌感覚でわかるので、おのずとそのテーマに関連する銘柄の買い時、売り時も

図34　SEMITECの株価推移（月足）

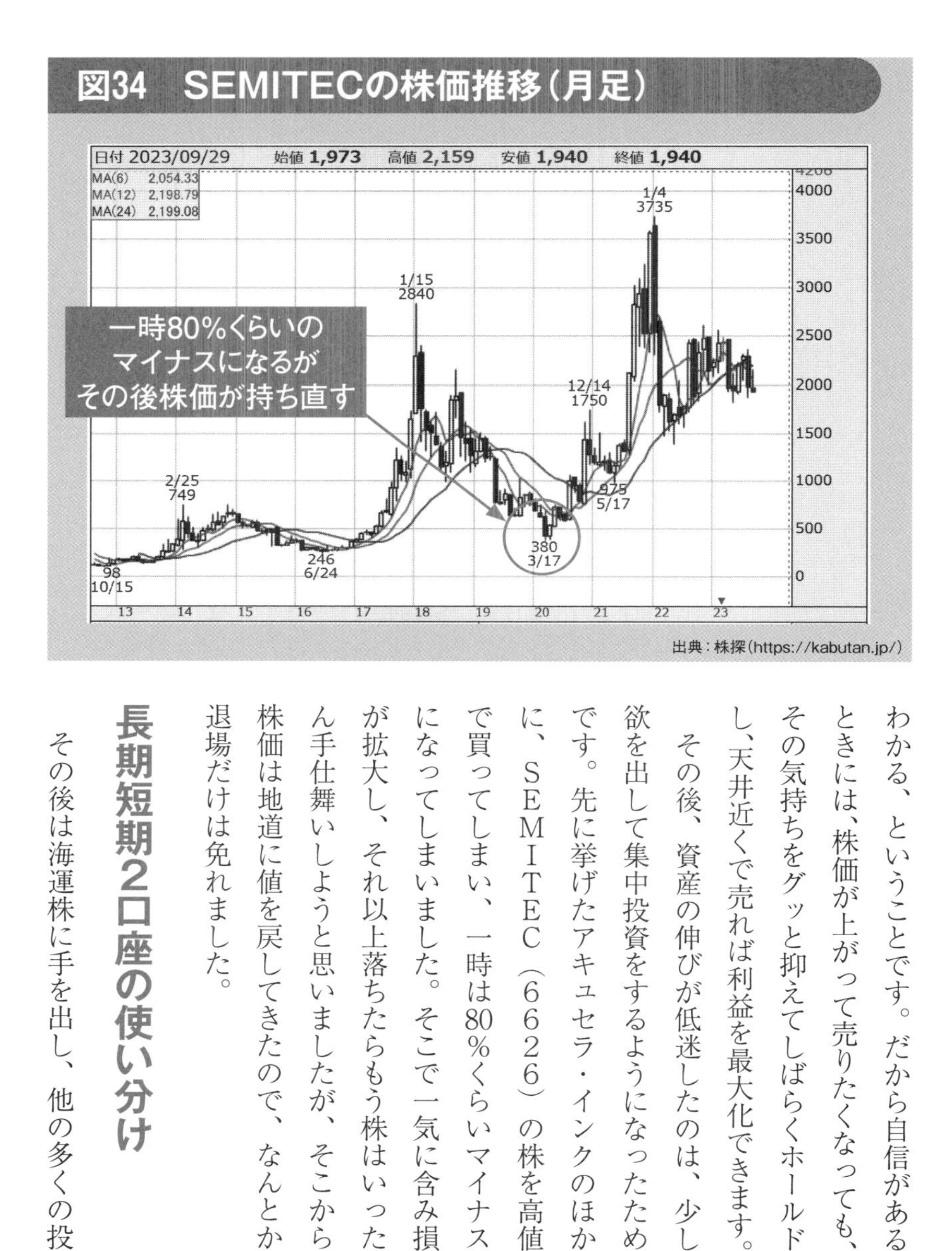

出典：株探（https://kabutan.jp/）

わかる、ということです。だから自信があるときには、株価が上がって売りたくなっても、その気持ちをグッと抑えてしばらくホールドし、天井近くで売れば利益を最大化できます。

その後、資産の伸びが低迷したのは、少し欲を出して集中投資をするようになったためです。先に挙げたアキュセラ・インクのほかに、SEMITEC（6626）の株を高値で買ってしまい、一時は80％くらいマイナスになってしまいました。そこで一気に含み損が拡大し、それ以上落ちたらもう株はいったん手仕舞いしようと思いましたが、そこから株価は地道に値を戻してきたので、なんとか退場だけは免れました。

長期短期2口座の使い分け

その後は海運株に手を出し、他の多くの投

資家の皆さんが儲けている中で、ちょこちょこと失敗を繰り返していました。株価は基本、右肩上がりなのですが、その中でも上がり下がりを繰り返しながら右肩上がりに上がっています。つまり、黙ってホールドしていれば株価は自然に上がって儲けられるのに、わざわざ値上がりしたところで買い増し、値下がりしたところで損切りするということを短いサイクルでやっていたので、利益はさっぱり出ません。

そうした教訓から、損切りした場合も、同時に押し目で同じ株を少量買うようにしたのです。例えば200株持っていた銘柄の株価が半値になった時点で100株を損切りしても、そこでもう一度100株買い直してその株が2倍になれば、損益はプラス・マイナス＝ゼロになりますので、少なくとも損をすることはありません。この方法で、ちょこちょこと損失を出して利益を減らしていくようなことはなくなりました。

また、口座を2つに分けて、1つは長期のインカム（配当）狙い、1つは短期で株価の値上がり益（キャピタルゲイン）を狙う口座にしました。

長期の口座は大型株や高配当株中心で、買ったら基本、放ったらかしです。たまに口座全体がプラスになったか、マイナスになったかをチェックする程度です。短期のほうは、信用取引も含めてアクティブに投資をして利益を増やしていく口座です。

投資資金の比率は7：3くらいで、長期のほうを多めにしています。投資を始めた頃は、短期7：長期3くらいの比率でした。

しかし、私には短期集中投資する際、1000万円以上の買い物をすることが多いため、短期口座に資金を多く残しておくと、ほしい銘柄を信用枠一杯まで買ってしまう悪い癖があるのです。そこで、使う資金のブレーキと追証・破産防止のため、短期口座には3000万〜4000万円を残して残りは特定口座から銀行に戻し、別の証券会社の長期口座で長期投資に回しています。もし最悪の場面になった場合、長期口座を切り崩して短期口座を手仕舞いすることで、破産を免れる方法と考えています。

短期口座の比率を低くしたもう1つの理由は、基本的に個人投資家は短期の売買で機関投資家には勝てないとわかっているからです。個人投資家が機関投資家に唯一勝つ方法は、「時間を味方にする」ことです。そのため長期の口座では、安定した大型株や高配当株を買って、着実に利益を増やしていくようにし、そこに資金を多めに投入するようにしたのです。

ただ、それだけでは投資の面白みがなくなってしまいますので、短期の口座では、小型成長株などに投資して、大きく利益を取ることにも挑戦しています。

信用取引もかつてはギリギリまでレバレッジを利かせていましたが、失敗したときは大損をこうむることになります。そこで短期の口座への入金を少なくすることで、信用取引で使える金額そのものを抑えるようにしたのです。

これらの方法を導入することで、以前のように大きな損失を出すことはなくなり、着実に利益が積み上がっていく体制ができてきたのです。そこで次には、利益を上げるほうの、私の投資法をご紹介したいと思います。

逆張り目線のファンダメンタル投資

私の投資法は、基本的に「逆張り目線のファンダメンタル投資」です。

「逆張り」の投資法にしたのは、海運株の失敗経験などから、株価の動きに追随する「順張り」では、高値掴みをする確率が高いと判断したからです。そこで手法を逆張りに変え、株価の底を狙って買うようにしたところ、コンスタントに利益を増やせるようになってきました。

逆張りはご存じのように、株価の底値付近で買ってなるべく高値で売り抜く手法です。当然、買うポイントは底値に近く、売るポイントは最高値に近いところのほうが利益は大きくなります。私がその転換点を見るために

図35　ボリンジャーバンド

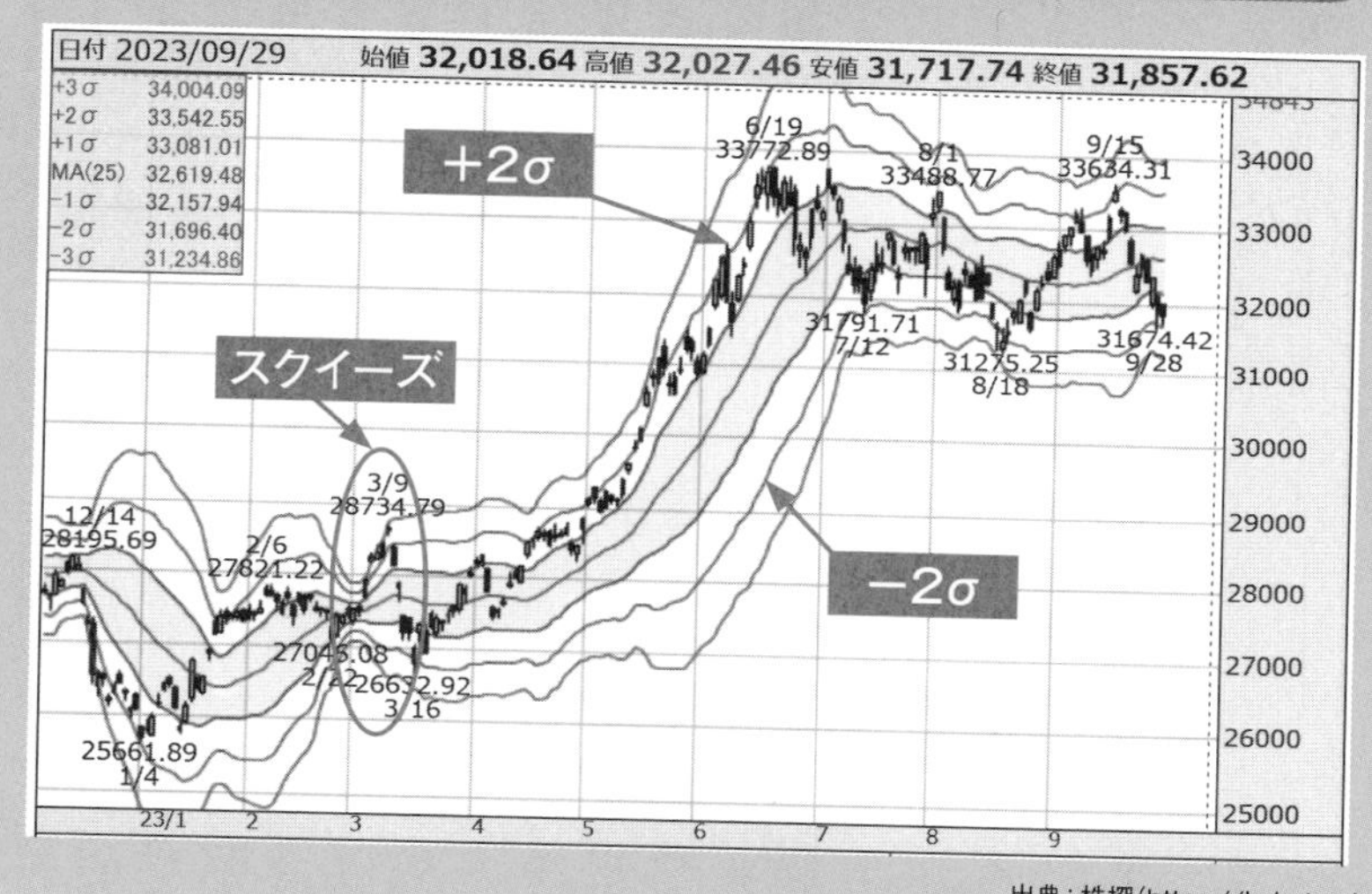

出典：株探（https://kabutan.jp/）

使っている指標は移動平均線とＭＡＣＤ（マックディー）、ボリンジャーバンドです。

移動平均線については、小型株は短期、大型株は長期を重視します。

ＭＡＣＤについては本書の１６２ページに詳しい解説がありますので、詳細は省きますが、簡単にいうと、ＭＡＣＤラインがシグナルラインを下から上に突き抜けてゴールデン・クロスを形成すると「買い」のサイン、逆にＭＡＣＤラインがシグナルラインを上から下に突き抜けてデッド・クロスを形成したら「売り」のサイン、ということになります。

ボリンジャーバンドは、株価の勢いや反転の目安を見る指標です（図35）。逆張りで使う場合は、株価がマイナス１σ（シグマ）からマイナス３σにきたときが「買い」のポイント、プラス１σからプラス３σにきたときが「売り」のポイントとみます。実際は±２σの間（バンド）で株価が動くことが多いようで、図35でも株価はプラス２σ線に当たったところで下げに転じ、マイナス２σ線に当たったところで上げに転じています。つまり、±２σを下値支持線や上値抵抗線とみなす考え方です。

また、ボリンジャーバンドのもう1つの活用法は、「スクイーズ&エクスパンション」です。図35でいうと２０２３年3月あたりでバンドの幅が急速に狭くなっています。これが「スクイーズ」という状態で、その後株価に大きな動きが出る前兆と言われています。実際、日経平均はスクイーズの後、急上昇しています。これが「エクスパンション」といわれる状態です。

私がテクニカル指標で見るのはこの程度ですが、多くの投資家が使っている指標だけあって

図36　ゼンショーHDの株価推移（月足）

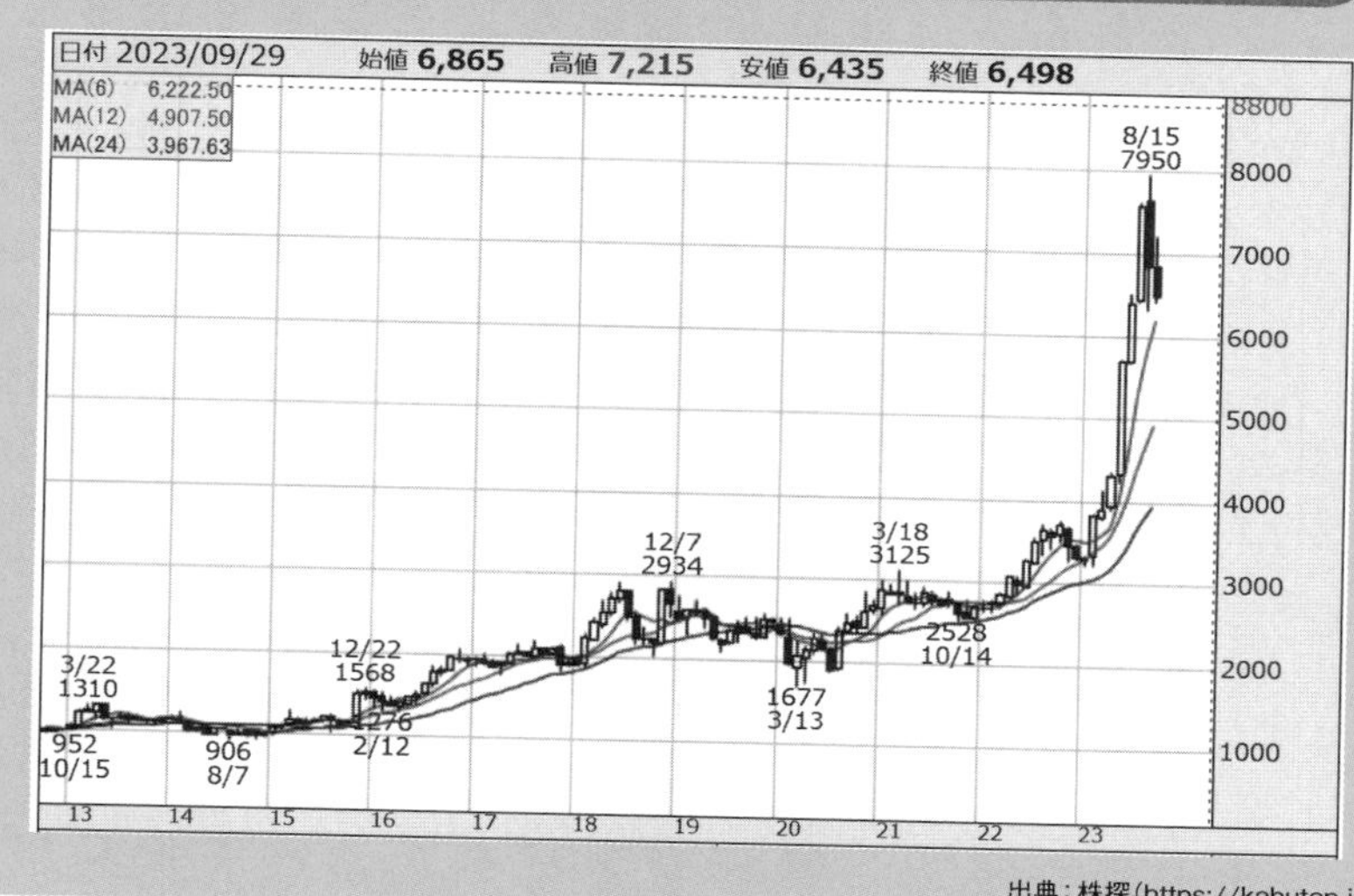

出典：株探（https://kabutan.jp/）

大きな外れはありませんし、初心者の方でも簡単に使えると思いますので、お勧めです。

これらの機能は『株探』でも使えますし、ネット証券会社のチャートなどにも搭載されています。

ファンダメンタル、つまり業績部分については、それほど財務諸表を深く読み込むわけではなく、基本的には売上が伸びている銘柄を好みます。特に短期の売買では成長株を狙いますので、売上が順調に伸びていることが成長の必須条件です。

売上だけでなく利益も一応、一通り見るようにはしています。もし利益が上がっていない場合も、そこで切ってしまわず、利益が出ていない理由を調べます。また、インカム狙いの長期銘柄の場合は、配当の元になる当期利益（純利益）をチェックします。

自分の得意分野が自信につながる

次に銘柄を見つけるポイントですが、私の場合、とっかかりはラジオ日経で紹介された銘柄や、投資家仲間との会話の中で出てきた銘柄などです。それらの中から気になった銘柄については、『会社四季報』などでその会社のビジネスモデルや競合、業績予想などを調べ、確信が持てたら買うようにしています。

また、私はドライブや街歩きなど、外に出かけることが好きなので、そういう機会に巷の流行や繁盛店の状況なども観察したりしています。有名な億り人では、www9945さんがよくそういう街歩きで銘柄を探しているそうですね。

このようにして見つけた銘柄で利益を上げている銘柄は、ゼンショーホールディングス（7550／以下、ゼンショー）やドトール・日レスホールディングス（3087）などです。

実はゼンショーの場合は、最初に買ったのは株価が900円の頃でした。2023年8月には8000円近くまで上がっていますので、もう少しで「テンバガー」ということになります。その後も株価2000円くらいのときに買い増しをしているのですが、それでも4倍にはなっています。

ゼンショーやドトールの場合は、ある程度自信を持って買うことができました。というのは、私が飲食店の店主ということもあって、飲食関係の内情がよくわかるからです。店が繁盛して

図37　ANAHDの株価推移（月足）

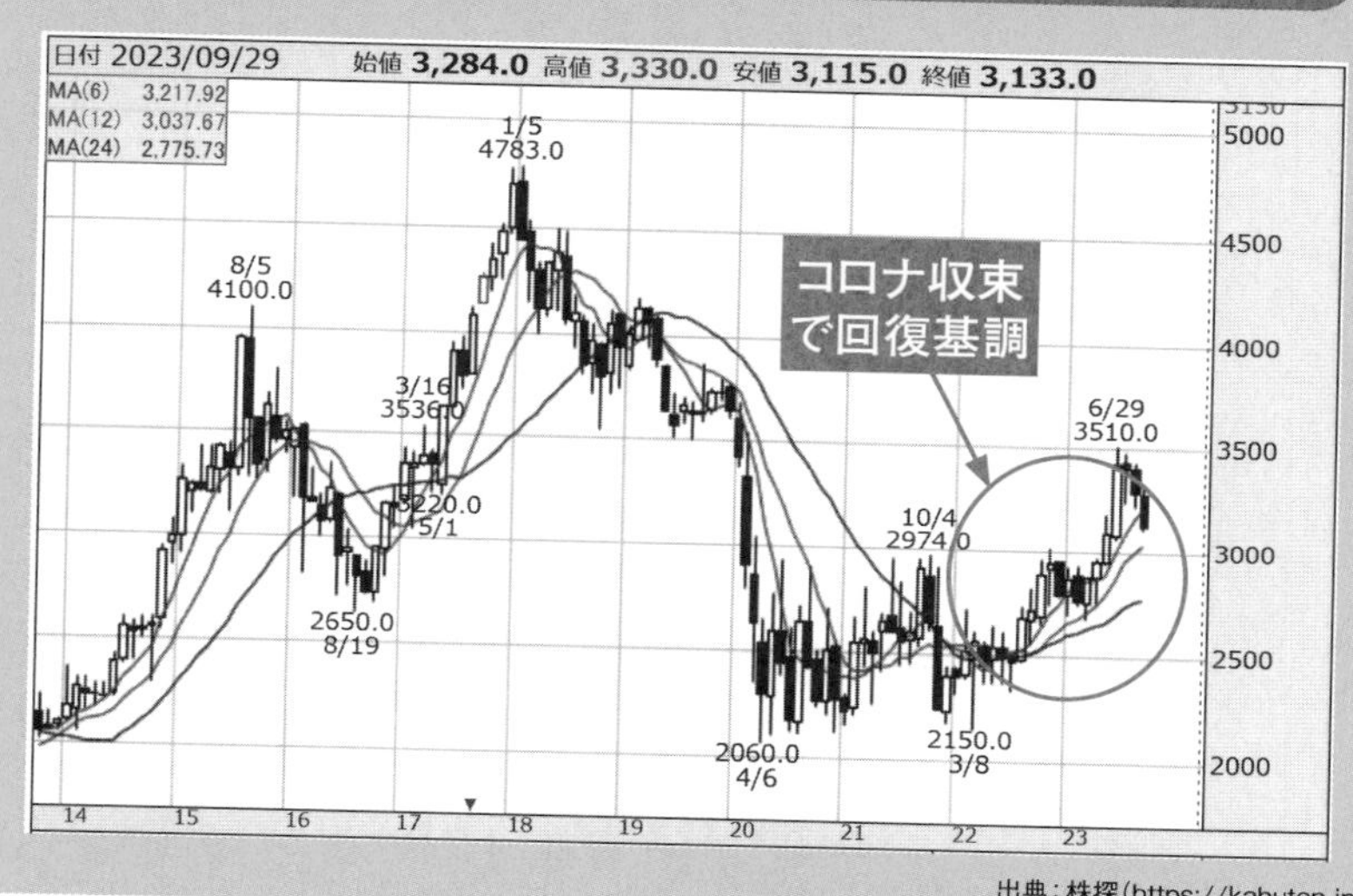

出典：株探（https://kabutan.jp/）

いるかどうかなども「空気」でわかるんですね。

そういう定性的な情報で確信を持ったら、念のため業績などの定量的な情報も調べて、問題なければ買っていきます。先にも述べましたが、そういう意味ではやはり自分が得意とする分野やテーマを持っているということは、株式投資で利益を上げる上で非常に有利ですね。

そのほか、先ほど「ちょこちょこ損を出した」といった海運も、実は最終的にはプラスになっているのです。もともと配当狙いのようなところもあったので、短期で回して稼ぐという考えを捨てて、長期口座で保有するようにしたところ、気づいたらもの凄く株価が上がっていました。

なぜ海運が注目されているのかとい

う背景を考えてみると、やはりネット社会では「人が動かず物が動く」時代なので、物流関係の需要が高まっているからと結論づけることができます。そこで海運だけでなくANAホールディングス（９２０２）や日本航空（９２０１）などの空運株も買ったところ、これらも短期で大きな利益を生みました。空運に関しては、コロナ禍が収束して国際間の人の移動が再開されたり、インバウンドが復活したりという背景も当然あります。

これらの予想は、特別な知識や能力を必要とするものではなく、日ごろ日経新聞やニュースを見ていれば考え付くことだと思います。ですから読者の皆さんもあまり深く考えず、まずは気になったところに投資してみるというのも1つの方法かと思います。

銘柄の「ベストテン」を作る

実際のところ、株式投資で1億円を稼ぐのは簡単なことではないと思います。私自身、ここでお話ししたように数々の失敗を繰り返していますし、他の億り人の方々もすべてが順風満帆ではなかったと思います。

しかし根気強く続けていれば、必ずいつかはチャンスが訪れてきます。そこで投資を長く続けていくためには、まず投資を「楽しむ」ことが大切だと思います。

「楽しみ方」は人それぞれだと思います。私の楽しみ方を紹介すると、実は私は昔からテレビの『ザ・ベストテン』のように、ランク付けをすることが好きなので、銘柄選びに関しても、自分で銘柄の「ベストテン」を作っている感覚で楽しんでいます。

例えば歌謡曲のベストテン番組で、老舗の大型芸能事務所がデビューさせた大型新人「A」が1位にランクされたとします。それだけの後ろ楯があれば、確かに1位になることも不思議はありません。しかし、そのバンドをデビューさせるのに芸能事務所がどれだけの宣伝費を使ったのか、その資金は回収できるのか、というところも考えなければいけません。

一方、インディーズのバンドの「B」が、YouTube動画やSNSで話題になってメジャーデビューし、勢いでベストテンの2位に食い込んだとします。その場合、芸能事務所はほとんど宣伝費用をかけていないので、バンドがデビュー後に稼ぐお金は、丸々その芸能事務所の利益として積み上がっていきます。

この両者を比べた場合、私が作るランキングでは、バンドBのほうがバンドAより上位に来ます。規模の大小に関係なく、どれだけのお金を稼ぐか、巷での人気はどうか、将来性はどうか、といったところも勘案してランク付けするからです。

株式の銘柄選びの場合も同様で、企業規模や時価総額などに関係なく、企業の業績や市場の評価、ビジネスモデルや将来性などを踏まえてランキングを作ると、就職人気ランキングなど、企業のランキングとは違う、自分なりのオリジナルランキングが出来上がります。

もう1つの「楽しみ方」は、やはり投資仲間を作るということだと思います。

投資セミナーのようなものに参加するのもいいでしょうし、セミナーに堅苦しさを感じる人はコミュニティのように気軽に入れるものでもいいでしょう。株仲間は、自分が知らないいろいろな情報を提供してくれるだけでなく、投資がうまくいかないときの心の支えにもなります。繰り返しになりますが、順風満帆で来た人などほとんどおらず、みな何らかの失敗を経験しながら投資を続けてきているからです。

私の場合、幸いなことに店に来るお客さんと、よく株の話をする機会に恵まれます。うちに来店するお客さんは、所得のある程度高い方が多いということもあるのですが、株の話をすると相場観などそれぞれの視点で熱く語ってくださいます。

その意味では、株式投資は私にとって、お客さんと付き合うための「たしなみ」でもあると思っています。

もう1つ、株式投資のメリットは、実地の経済がわかってくるということです。経済というのは、ニュースでいくら着飾っても、嘘をつかないのです。少し古い話ですが2012年11月14日、当時の民主党の野田佳彦首相は、自民党の安倍晋三総裁との党首会談の際に、「今月16日に衆院を解散し、総選挙を実施する」という考えを表明しました。時間は午後2時30分を回り、後場も終わりに近づいた頃のことでした。それくらい衝撃的だったので記憶しているんですが、野田首相が「解散」といったとたん、株式市場にものすごい勢いで買いが入ったんです。まさに「鯉の滝登り」のような感じでした。あらゆる銘柄が「特買い」で、その瞬間に時代が大きく変わった気がしましたね。

図38　日経平均はアベノミクスで急上昇

出典：株探（https://kabutan.jp/）

その後にアベノミクスが始まるのは皆さんご存じのとおりですが、まさに経済は安倍さんが来るのを待っていたということが証明されてしまったんです。そしてその瞬間を待っていた人たちが一斉に買いを入れて、一気に株式投資で利益を増やしたわけです。投資をやっていなければ、そんな歴史的瞬間に参加することはできなかったでしょう。

逆にいえば、投資を続けていることで、いつか来るそういう歴史的瞬間に参加して一気に利益を増やし「億超え」するチャンスも生まれてくるということです。

私のお話がどこまで参考になったかわかりませんが、「億超え」を目指す皆さんの少しでもお役にたてたのなら幸いです。これからも一緒に頑張っていきましょう。

図39 はと55さんの1億円ロードマップ

STEP! 01 元手50万円から投資スタート

4〜5年

手始めにソフトバンク株を購入。その後順調に投資成績を伸ばし、資産は7000万円に。

STEP! 02 「億り人」のチャンスを逃す

5〜10年

ガンホー株が「100バガー」になる前に手放してしまい、「億り人」のチャンスが遠のく。

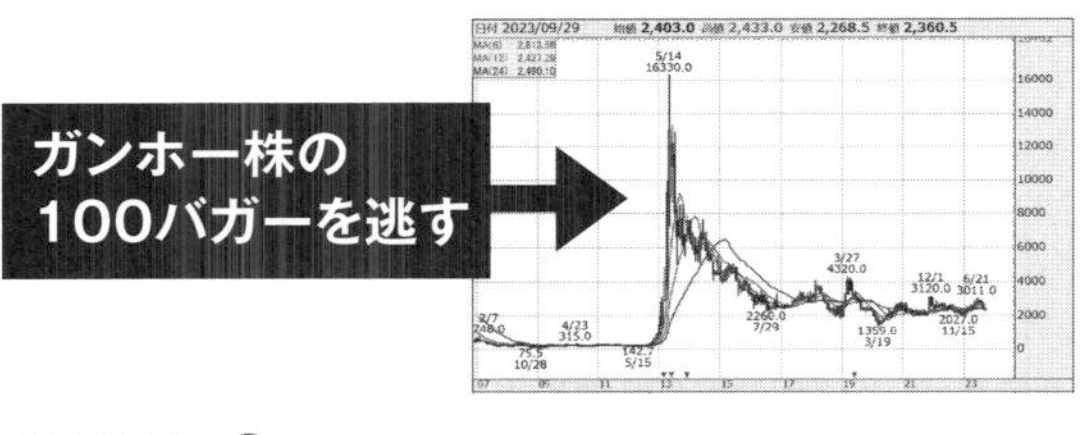

STEP! 03 10年で「億超え」の可能性もあった

10〜12年

その後投資成績は低迷するが、コロナ後の不安定相場で一気に挽回し「億超え」を達成。「たら、れば」はないが、ガンホー株売買のタイミング次第では10年で億り人の可能性もあった。

最短
12年

第3章

億り人になるための『株探』㊙テクニック

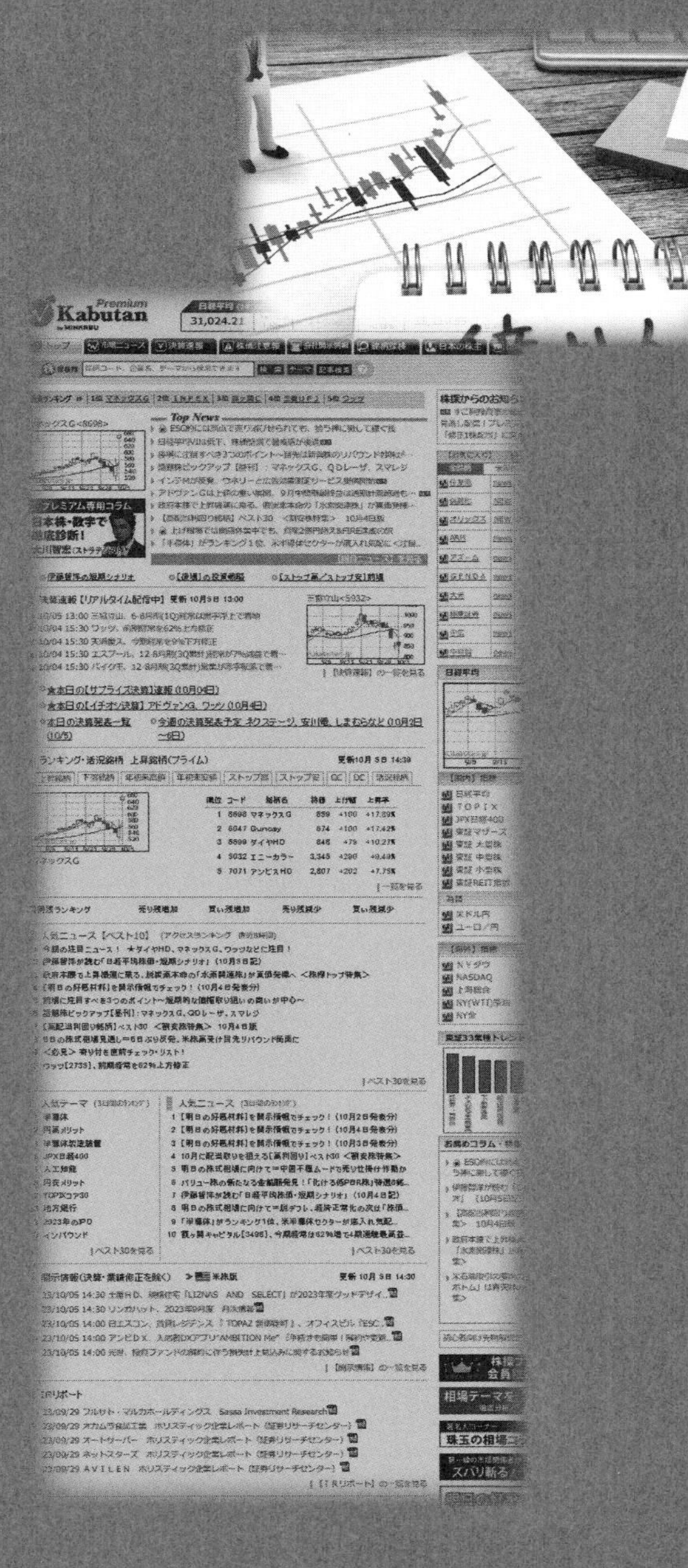

株探で「億り人」の第一歩になる成長銘柄を探す方法

まずは『株探』の機能を知る

「億り人」を目指すなら、情報ツールを使いこなすことが大切。ここでは、株式投資に必要とされる豊富な情報と充実した機能を備えた『株探』を使ってテンバガーや数倍株など資産を一気に増やす銘柄を探す方法を紹介します。

たくさんの機能がある『株探』ですが、その基本部分はトップページにほぼ集約されています（図40）。

画面上段にある「グローバルナビ」は基本的に『株探』のどのページにも表示され、各ページのポータル（入口）的な役割を果たしています。

「グローバルナビ」には、画面左から「トップ」「市場ニュース」「決算速報」「株価注意報」「会社開示情報」「銘柄探検」「日本の株主」「市場マップ」の順にタブが並んでいます。これらの項目から、例えば直近で発表された企業の決算速報の一覧が見たい人は「決算速報」のタブをクリックすれば、決算発表の一覧ページにすぐ飛ぶことができます。

図40 「株探」トップページ

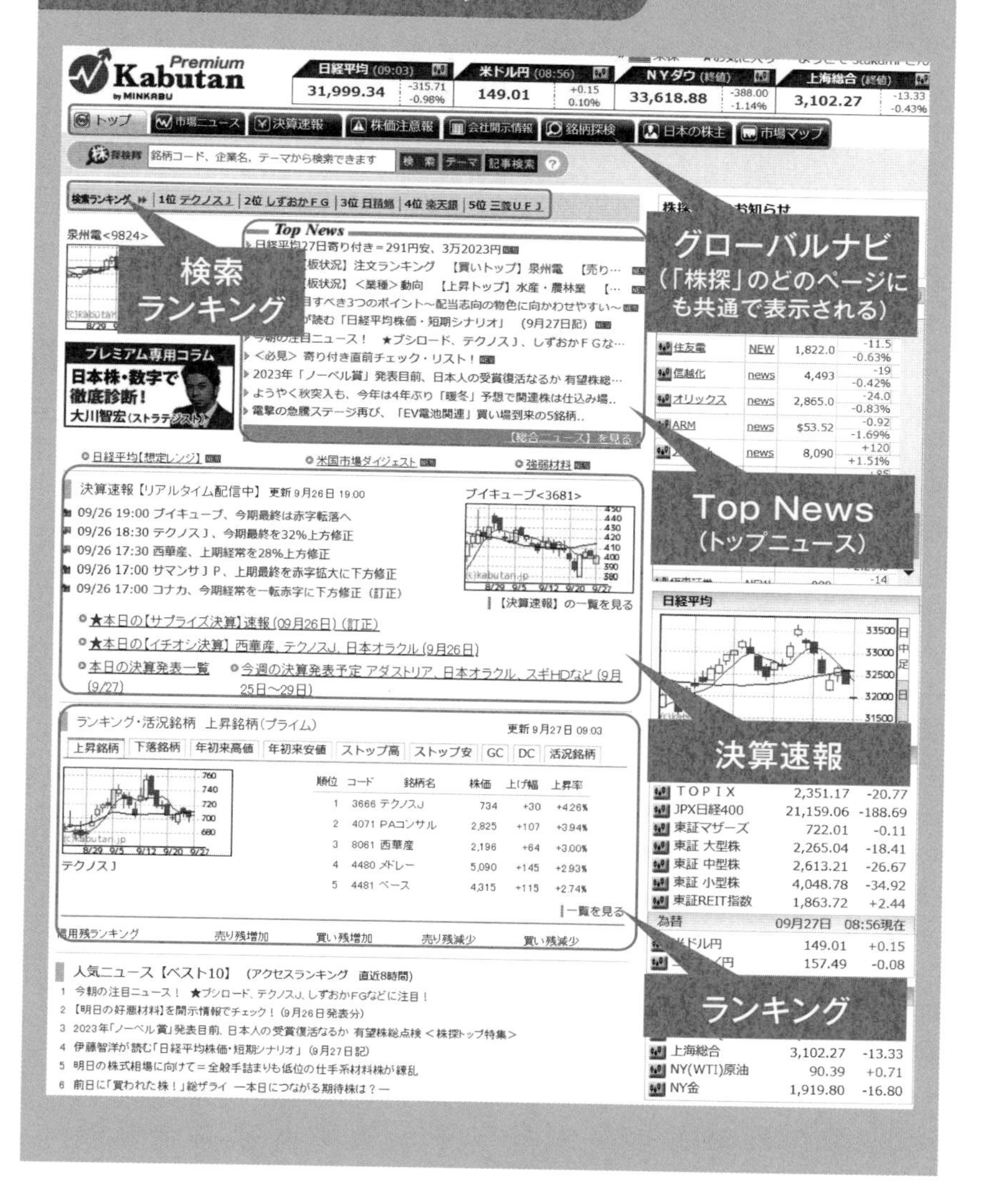

そのほか厳選したニュースが一目で見られる「Ｔｏｐ Ｎｅｗｓ（トップニュース）」や、決算速報、人気テーマ、ランキングなど、『株探』サイト内にある主要な情報に、トップページからアクセスすることができます。

初心者はトップページを使いこなす

『株探』を使い始めて間もないという人は、まずこのトップページの活用の仕方を覚えることをお勧めします。

例えば「市場ニュース」というページでは、国内外の株式市況、話題・注目銘柄の関連・材料ニュースが配信されています。そこをクリックすると「市況」「材料」「注目」「決算」など12のカテゴリーが出てきて、さらに各カテゴリーの中でさまざまなニュースが配信されているため、その情報量は膨大なものになります。慣れないうちは、目ぼしいニュースがすぐに見つからないこともあるでしょう。

そこでまずはトップページにある「Ｔｏｐ Ｎｅｗｓ」を見るといいでしょう。厳選された主要ニュースが一目でわかるようになっていますので、『株探』を使い始めたばかりの人でも簡単に情報収集ができます。「決算速報」や、上昇（下落）銘柄、年初来高値（安値）のランキングなども同様です。

ここでは、本書のテーマである「超速で億り人」を目指すための『株探』活用法を紹介しますが、このように『株探』の機能は数限りなくありますので、その中であくまでも参考となるような使用例をいくつか解説していきます。

ホットな銘柄が一目でわかる「検索ランキング」

まず、今リアルタイムで話題になっている銘柄を見つける簡単な方法が、トップページのグローバルナビ、検索窓の下に出てくる「検索ランキング」です。ここには『株探』サイトにおいて、直近で最も多く検索された上位5銘柄が表示されます。

なお、「検索ランキング」は、「人気ランキング」と交互に表示されますので、ご注意ください（「人気ランキング」は、売買代金と約定回数から『株探』で独自に算出した市場人気上位5銘柄です）。

２０２３年9月末、「検索ランキング」の上位5銘柄に銀行株が3銘柄入りました。三菱ＵＦＪフィナンシャル・グループ（８３０６）、楽天銀行（５８３８）、しずおかフィナンシャルグループ（５８３１）です（図41）。

たしかに図41のように、楽天銀行の株価などはこの時点の直近で急上昇しています。この時点で買っても株価が上がり続ける可能性もありますが、逆にこれだけ注目を集めて買いが集中しているということは、すでに高値にあって、今後株価が下落する可能性も否定できません。

では、このように多くの投資家が注目する前に、その予兆を摑むことはできないのでしょうか。実は、それは経済の動きに敏感な人なら、不可能ではないのです。

銀行株が上昇している背景には、長期金利の上昇があります。２０２３年はＦＲＢ（米連邦準備制度理事会）による利上げなどがネガティブ要因となって、株式市場は低迷しました。

しかし、金利上昇によるメリットを享受する業界もあります。それが銀行です。調達金利（短期金利）と、運用金利（長期金利）のスプレッドが拡大することで、銀行の収益増加につながるからです。

「金利上昇メリット」が人気テーマの上位に浮上

では、その予兆はどこに現れていたのでしょうか？

実はその2カ月前の7月31日、『株探』の市場ニュースの特集で「『金利上昇メリット』が4位にランク、日銀のＹＣＣ柔軟化で銀行株など見直し機運」という記事が紹介されました。内容は日銀のＹＣＣ（イールドカーブコントロール＝長短金利操作）によって長期金利が上昇する可能性を示唆するものでした。そこで株探の人気テーマのランキング上位に「金利上昇メリット」が浮上したのです。

「人気テーマ」は、『株探』の独自調査により編集された１３００以上の「株式テーマ」から、アクセスの多い人気ランキングを掲載しているものです。つまり、この時点で多くの投資家が銀行株の上昇を予見していたということです。そして9月9日付の「読売新聞」で日銀の植田

図41 「検索ランキング」で探す

●今話題の銘柄が一目でわかる「検索ランキング」

「検索ランキング」では、「株探」サイトにおいて直近で検索された件数の多い上位5銘柄が表示される。ここでは検索2～5位の銀行株に注目。

●銀行株が上昇（楽天銀行（5838））

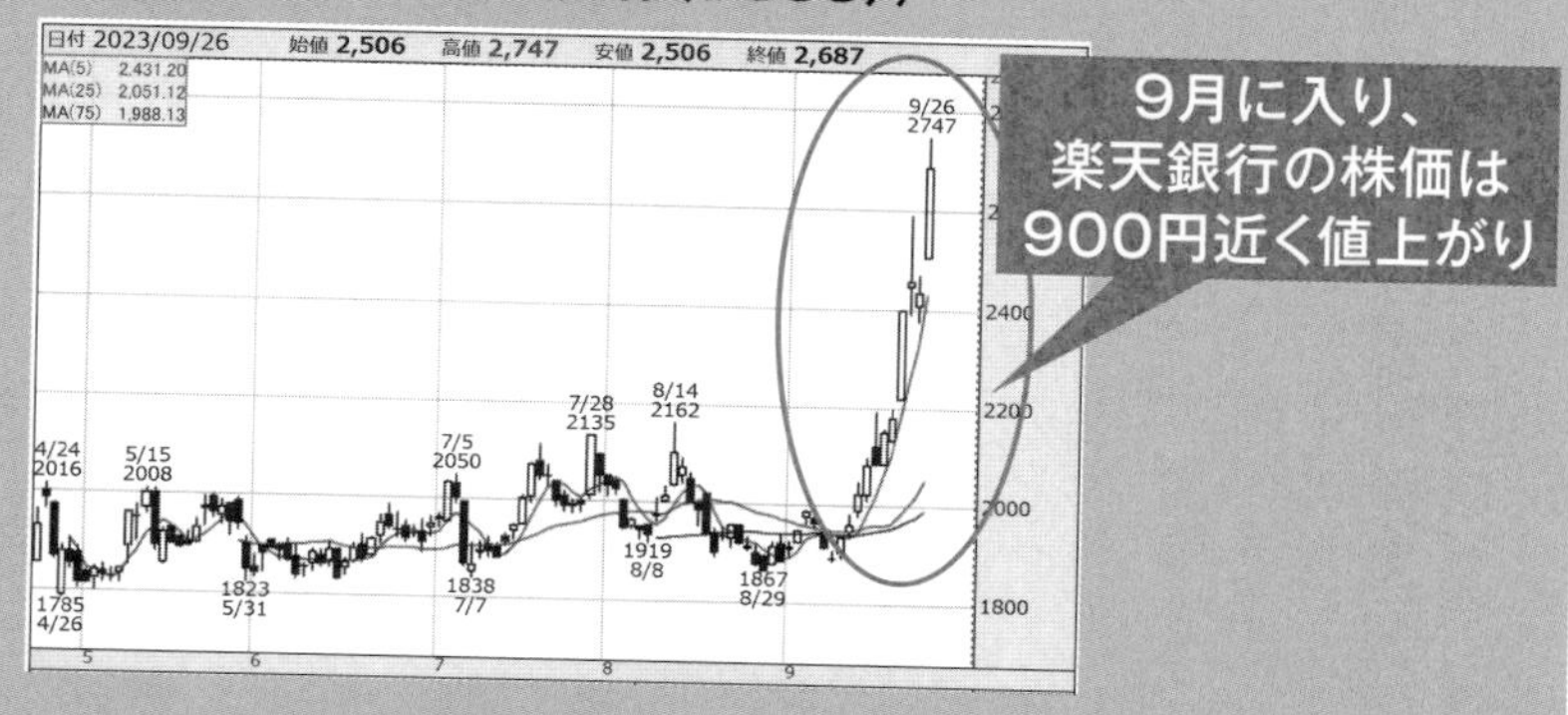

●「金利上昇メリット」というキーワードが注目されていた

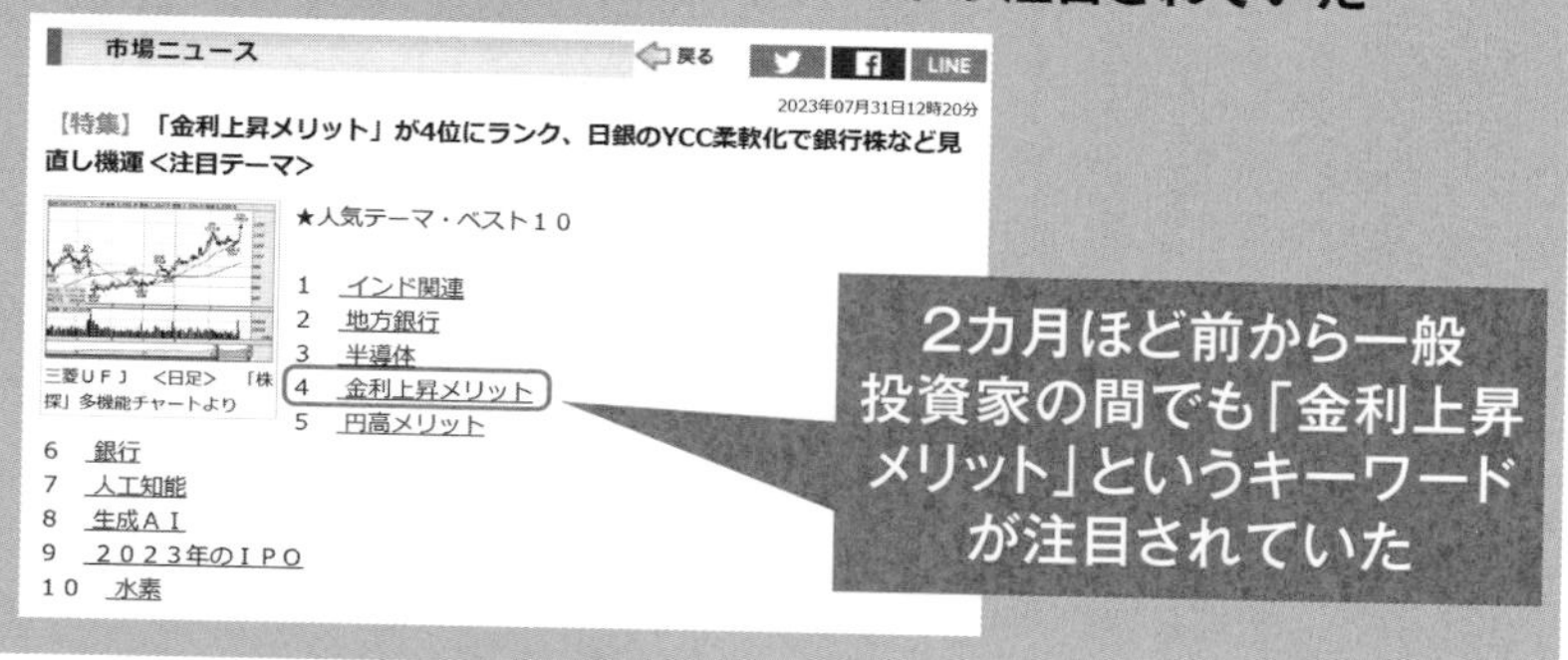
市場ニュース

2023年07月31日12時20分

【特集】「金利上昇メリット」が4位にランク、日銀のYCC柔軟化で銀行株など見直し機運 <注目テーマ>

三菱UFJ ＜日足＞ 「株探」多機能チャートより

★人気テーマ・ベスト１０

1 インド関連
2 地方銀行
3 半導体
4 金利上昇メリット
5 円高メリット
6 銀行
7 人工知能
8 生成ＡＩ
9 ２０２３年のＩＰＯ
10 水素

和男総裁がマイナス金利解除に言及したことから長期金利が上昇、このタイミングで、楽天銀行の株価も急上昇したのです。

『株探』で株価上昇の背景を探る

このように、『株探』を使いこなすことで、株価の急上昇や「噴火」を予測することも可能になります。その例を具体的に見てみます。

図42は、『株探』で紹介された2022年の株価値上がり率ランキング上位の銘柄です。1位は抗がん剤に特化した創薬ベンチャーのキャンバス（4575／東証G）、2位はパワー半導体関連の有望株として注目を集めるタカトリ（6338／東証S）です。

ここではタカトリの例を見てみましょう。

株価が急上昇したのは2022年の後半ですが、実はその「初動」ともいうべき値動きが2022年の5月にありました。

この時期、『株探』で紹介されたニュースが、「タカトリ、パワー半導体向けSiC（炭化ケイ素）材料切断加工装置の大口受注獲得」というものでした。

さらに10月28日には、2022年9月期の経常利益を、18年ぶりとなる最高益予想に大幅上方修正。この時点で株価は図42下のチャートのように急騰します。

11月11日には2023年9月期も前期比6割近い増益となる計画を示しました。パワー半導

図42　株価上昇率ランキング(2022年)

●今年の株価上昇率ランキング【ベスト50】

※12月30日終値の昨年12月30日終値に対する上昇率
（株式分割などを考慮した修正株価で算出）
―― 対象銘柄数：4,114銘柄 ――
（今年の新規上場銘柄、地方銘柄は除く）

銘柄名	市場	上昇率(%)	株価	個別ニュース／決算速報／テーマ
1. <4575> ＣＡＮＢＡＳ	東証Ｇ	549	1168	「CBP501」第2相試験の早期終了決定 (11/29)
2. <6338> タカトリ	東証Ｓ	483	8080	前9月期営業益大幅増額で3.5倍化し一気にピーク利益更新 (10/31)
3. <2767> 円谷フィＨＤ	東証Ｐ	434	2727	スマスロ関連で株高フィーバーの様相に (11/22)
4. <5726> 大阪チタ	東証Ｐ	39[illegible]	3880	今期経常を63%上方修正、配当も5円増額 (11/02)
5. <8139> ナガホリ	東証Ｓ	310	976	
6. <4393> バンクオブイ	東証Ｇ	266	6260	新作大型RPG「メメントモリ」を配信開始 (10/19)
7. <2872> セイヒョー	東証Ｓ	251	11270	Wealth Brothersに対する第三者割当増資を実施へ (04/11)
8. <9827> リリカラ	東証Ｓ	250	620	今期経常を24%上方修正・34期ぶり最高益更新へ (11/02)
9. <7859> アルメディオ	東証Ｓ	231	517	今期経常を一転黒字に上方修正 (11/02)
10. <3187> サンワカンパ	東証Ｇ	228	1385	今期経常は15%増で2期連続最高益更新へ (11/14)

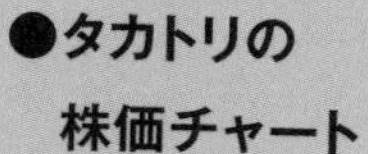

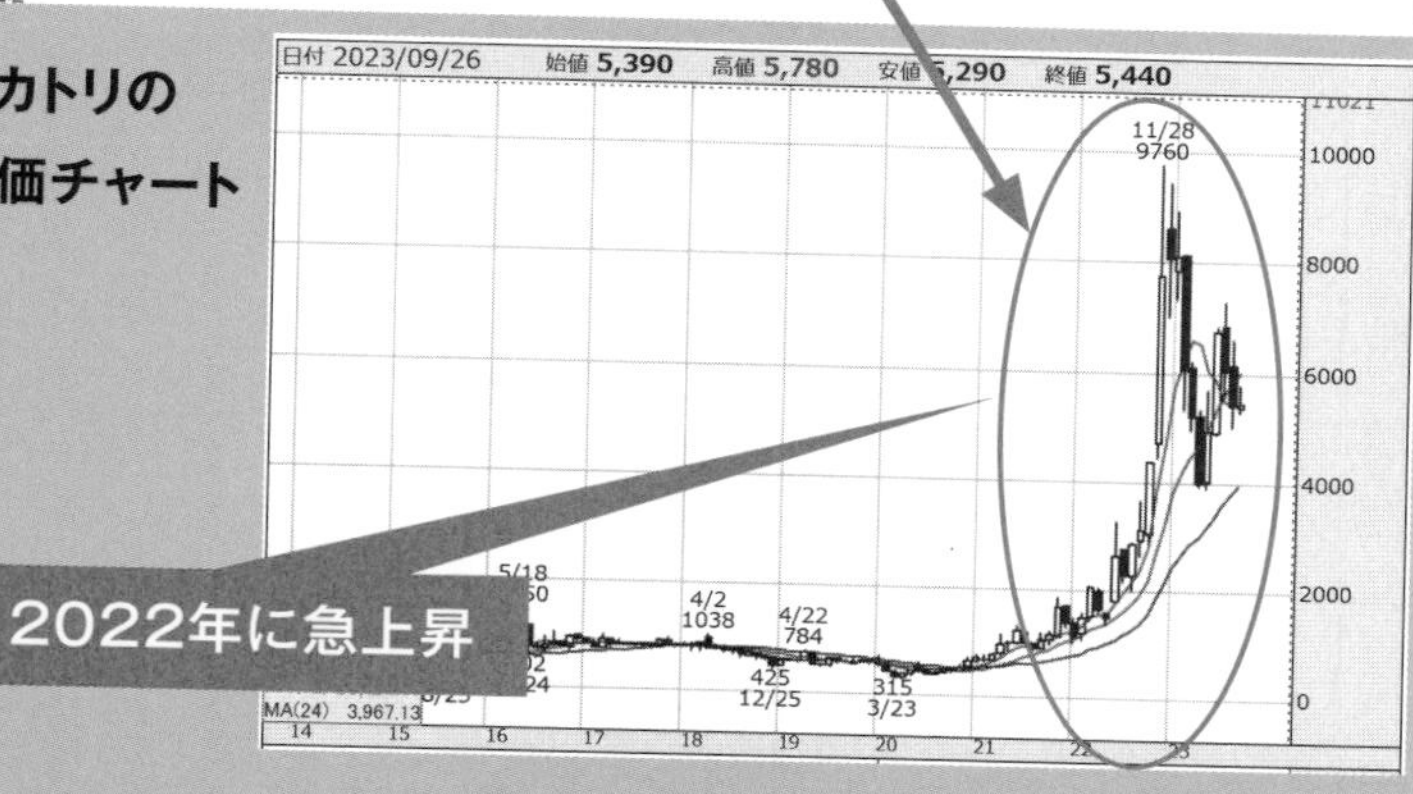

体は、電気自動車（EV）へのシフトなどで世界的な需要拡大が見込まれていますが、それが物色テーマとして人気化したことも追い風となり、タカトリの株価は11月28日、上場来高値9760円を付けました（図43）。

株式投資に「たら、れば」はありませんが、仮に2022年5月の「初動」時点でタカトリの株を買っていれば2000円程度ですから、年内で約5倍になったということです。

売買のタイミングを指標で読み取る

以上は『株探』のニュースなどを元に急騰株の売買タイミングを読み取る方法ですが、チャートなどのテクニカルな指標を用いて売買のタイミングを測ることもできます。

ここでよく使われる指標は、RSI、RCI、MACD（マックディー）など、オシレーター系の指標や、トレンドを読み取る指標です。いずれも『株探』に搭載されています（図44）。これらは主に、逆張り戦略をする投資家にとって強力な武器となるテクニカル指標です。

RSI、RCIは、共に一定期間内の「買われすぎ」「売られすぎ」を示すオシレーター系の代表的な指標です。例えばRSIの場合、『株探』での期間は14日間で、その間におおよそ80％以上は「買われすぎ」、40％以下は「売られすぎ」の水準とします。売られすぎのときに買い、買われすぎのときに売れば、そこから株価は反転して利益を得ることが期待されます。
●RSIの「買いシグナル」＝40％以下から反転し再び40％を上抜いたとき

図43　株価上昇のきっかけ
●タカトリの株価が動いた背景
2022年05月　ニュースアーカイブ
全件
材料ニュース
決算速報
開示情報
22/05/31 16:32 材料 タカトリ、パワー半導体向けＳｉＣ材料切断加工装置の大口受注獲得
22/05/31 15:30 開示情報 パワー半導体向けSiC材料切断加工装置の大口受注に関するお知らせ
22/05/26 15:08 テク 本日の【ＭＡＣＤ｜買い／売りサイン】引け　買い＝ 119 銘柄　売り＝ 46 銘柄　(5月26日)
22/05/13 18:07 注目 ★本日の【サプライズ決算】続報 (05月13日)
22/05/13 15:30 開示情報 2022年９月期　第２四半期決算短信〔日本基準〕（連結）
22/05/13 15:30 決算 タカトリ、上期経常は2.8倍増益・通期計画を超過
日付 2022/10/21　始値 2,900　高値 2,963　安値 2,897　終値 2,901
MA(5) 2,940.00
MA(25) 3,071.00
MA(75) 2,687.37
パワー半導体
大口受注獲得の
ニュースで「初動」
11/28
9760
9/14
3675
6/27
3290
3/31
2105
1/4
1484
1012
1/28
1355
5/20
2011
8/9
2741
9/28
10000
8000
6000
4000
2000
22/1
2
3
4
5
6
7
8
9
10
11
12
23/1
業績上方修正の
ニュースで急騰
2022年10月　ニュースアー
修正履歴も
「決算」ページで
確認できる
通期
業績推移
修正履歴
成長性
決算期
修正日
修正方向

●RSIの「売りシグナル」＝80％以上から反落し再び80％を下抜いたとき

一方のRCIは、９日間（短期線）と26日間（長期線）を用い、移動平均線のように、ゴールデンクロス（短期線が長期線を下から上抜く）、デッドクロス（短期線が長期線を上から下抜く）で判断できるようにしています。数値は０を基準にプラス１００％からマイナス１００％の間で推移します。プラス80％以上は買われすぎ、マイナス80％以下で売られすぎと判断します。

●RCIの「買いシグナル」＝短期線と長期線のゴールデンクロス

●RCIの「売りシグナル」＝短期線と長期線のデッドクロス

タカトリのケースでいうと、RSI、RCIのいずれかの「買いシグナル」が出た時点で買っておけば、最大限の値上がり益を得ることができた、というシミュレーションを描くことができます。

もう1つの指標であるMACDも売買のタイミングを計る指標で、その詳細な説明はここでは省略しますが、指標の見方のポイントは次のようになります。

①基本線である「MACDライン」が、その移動平均線である「シグナルライン」を下から上に突き抜けたとき（ゴールデンクロス）が買い

②「MACDライン」が「シグナルライン」を上から下に突き抜けたとき（デッドクロス）が売り

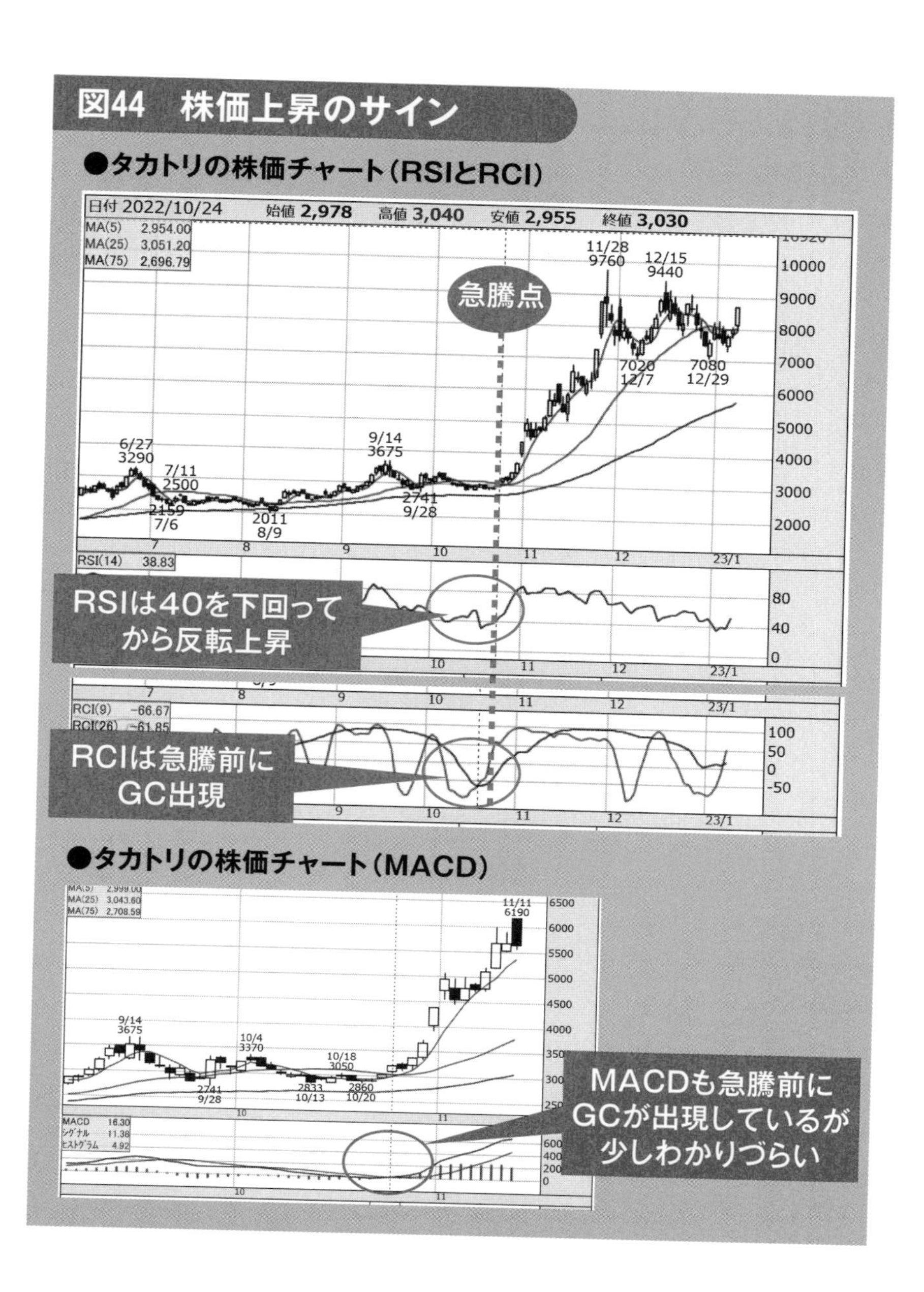
図44　株価上昇のサイン
●タカトリの株価チャート（RSIとRCI）
日付 2022/10/24　始値 2,978　高値 3,040　安値 2,955　終値 3,030
MA(5) 2,954.00
MA(25) 3,051.20
MA(75) 2,696.79
急騰点
11/28 9760
12/15 9440
7020 12/7
7080 12/29
6/27 3290
7/11 2500
2159 7/6
2011 8/9
9/14 3675
2741 9/28
RSI(14) 38.83
RSIは40を下回ってから反転上昇
RCI(9) −66.67
RCIは急騰前にGC出現
●タカトリの株価チャート（MACD）
MA(25) 3,043.60
MA(75) 2,708.59
11/11 6190
9/14 3675
10/4 3370
10/18 3050
2741 9/28
2833 10/13
2860 10/20
MACD 16.30
シグナル 11.38
ヒストグラム 4.92
MACDも急騰前にGCが出現しているが少しわかりづらい

タカトリのケースでは株価急騰の前にゴールデンクロスが出現していますが、少々わかりづらいかもしれません。しかし、RSIなどのオシレーター系指標には、シグナル通りに株価が動かなかったり、株価が反転上昇してもすぐに下落したりする「だまし」という状況が現れることがありますので、その予防の意味でMACDを併用するのもいいでしょう。

株価「急変」を『株探』のニュースで察知

『株探』を活用した「急騰株」の見つけ方の例をもう1つ紹介します。

都内を中心に営業を展開し、富裕層向け対面営業に特化した独立系証券の極東証券（8706）は、2023年7月に株価が年初来高値を更新しました。この日、同社は2024年3月期第1四半期（4～6月）の連結業績速報値を発表しましたが、最終利益は前年同期比4・5倍の10億9600万円と大幅な増益となり、これが好感されたと見られています（図45）。

その後、極東証券の株価は右肩上がりで推移しますが、9月26日にはさらに株価が急騰します。同日の前場が終わる11時30分、配当修正を発表し、従来未定としていた2024年3月期の上期配当を30円（前年同期は15円）実施する方針としたのです。この発表は、『株探』のニュースでもリアルタイムで配信されました。

極東証券にはその後大量の買いが入り、前場で930円程度だった株価は、その日のうちに

図45　決算速報で株価急騰

●決算速報後に株価が急騰した例

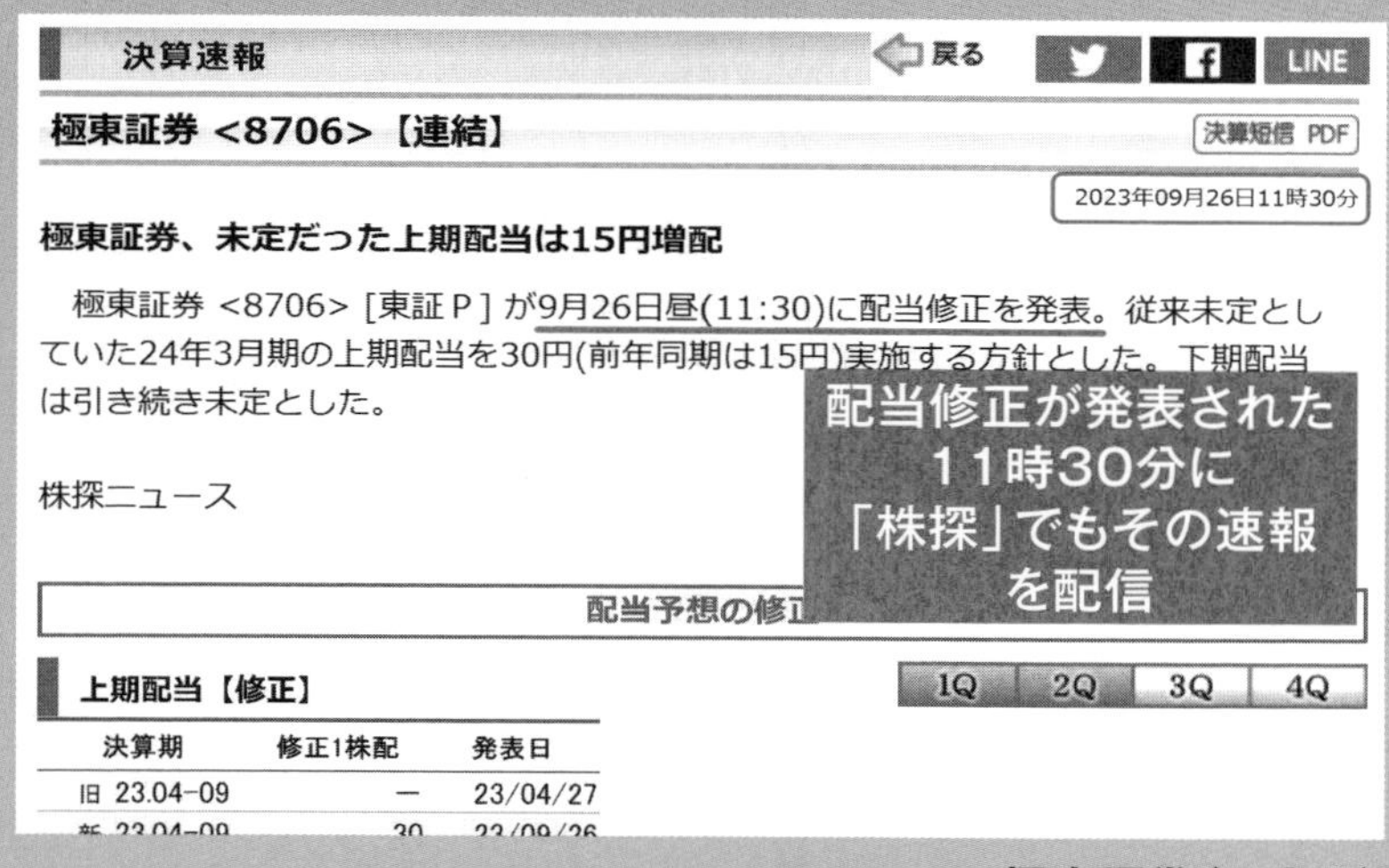

決算速報　戻る　LINE

極東証券 <8706>【連結】　決算短信 PDF

2023年09月26日11時30分

極東証券、未定だった上期配当は15円増配

極東証券 <8706> [東証Ｐ] が9月26日昼(11:30)に配当修正を発表。従来未定としていた24年3月期の上期配当を30円(前年同期は15円)実施する方針とした。下期配当は引き続き未定とした。

株探ニュース

配当予想の修正

上期配当【修正】　1Q　2Q　3Q　4Q

	決算期	修正1株配	発表日
旧	23.04-09	―	23/04/27
新	23.04-09	30	23/09/26

極東証券（5分足）

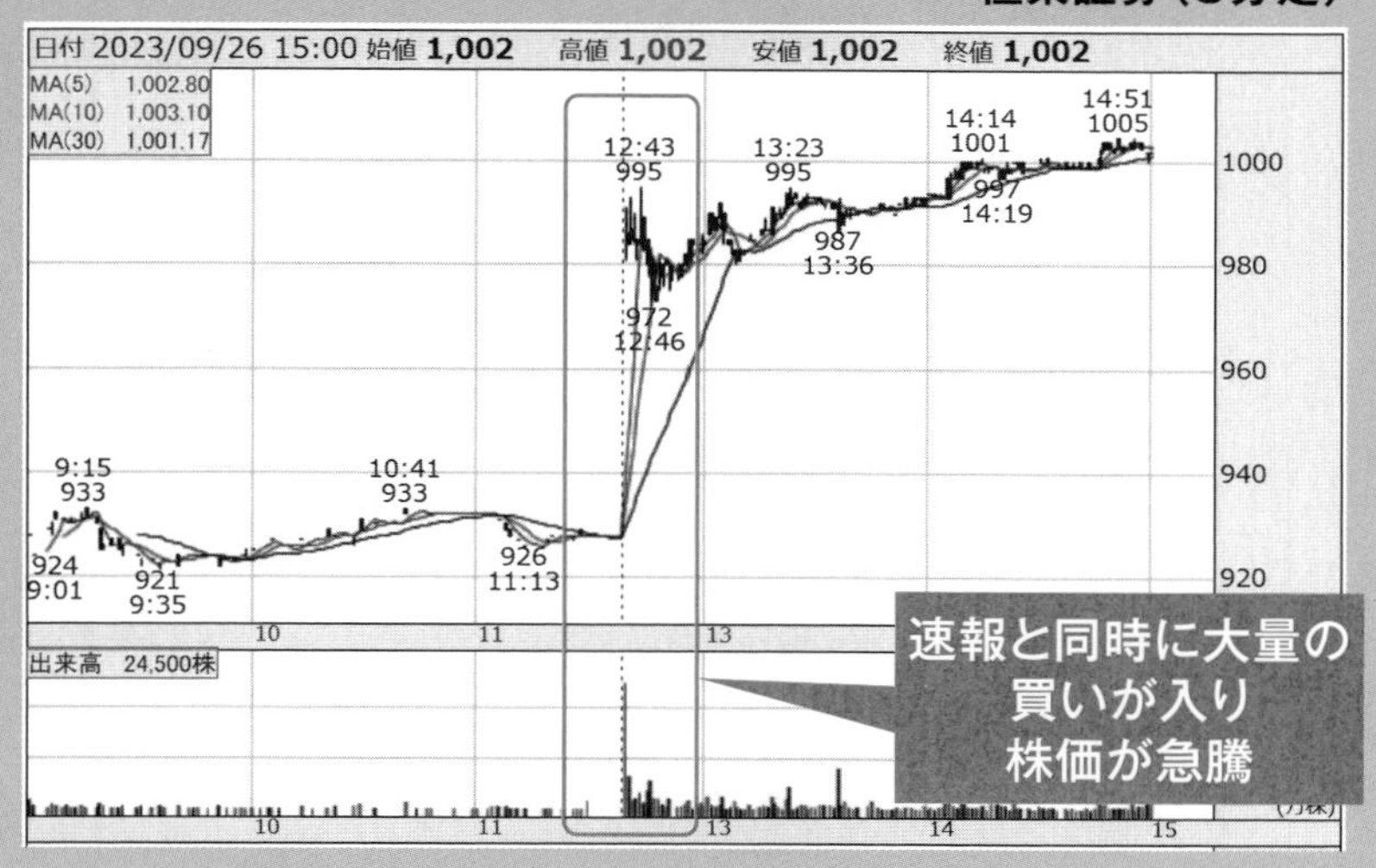

1000円を超えたのです。

タカトリの例もそうですが、株価の「初動」で目をつけておいた銘柄に何らかの転換点が訪れたタイミングで買えば、大きな利益を得られる可能性も高まります。その転換点は『株探』で配信されるニュースや決算速報などで発見することができるのです。

『株探』で株価上昇の望める「10万円株」を探す

株式投資の初心者や、まだ十分な投資資金の余裕がない人は、まず10万円程度で買える手ごろな銘柄から買ってみて、コツコツ利益を上げて種銭を増やし、投資の規模を大きくしていくやり方が堅実でしょう。

10万円株といっても、侮ってはいけません。株価が安く、時価総額も低い小型株のほうが、実は大型株よりも数倍、さらにはテンバガーなどに化ける可能性を多分に秘めているからです。時価総額数十億の銘柄が10倍（数百億）、100倍（数千億）に成長する可能性はありますが、すでに時価総額が数千億の大企業が、そこから10倍、100倍に成長することは難しいのです。

そこで、『株探』を使って今後の成長が望めそうな銘柄を探してみましょう。ここではその簡単なスクリーニングの方法を紹介します（図46）。

まず、『株探』の「グローバルナビ」から「株価注意報」を選択。ページが遷移したら、さらに「本日、年初来高値を更新した銘柄」を選択します。すると、該当する高値更新銘柄が出てきます

図46　値上がりの見込める10万円株を探す

●株価注意報⇒年初来高値銘柄

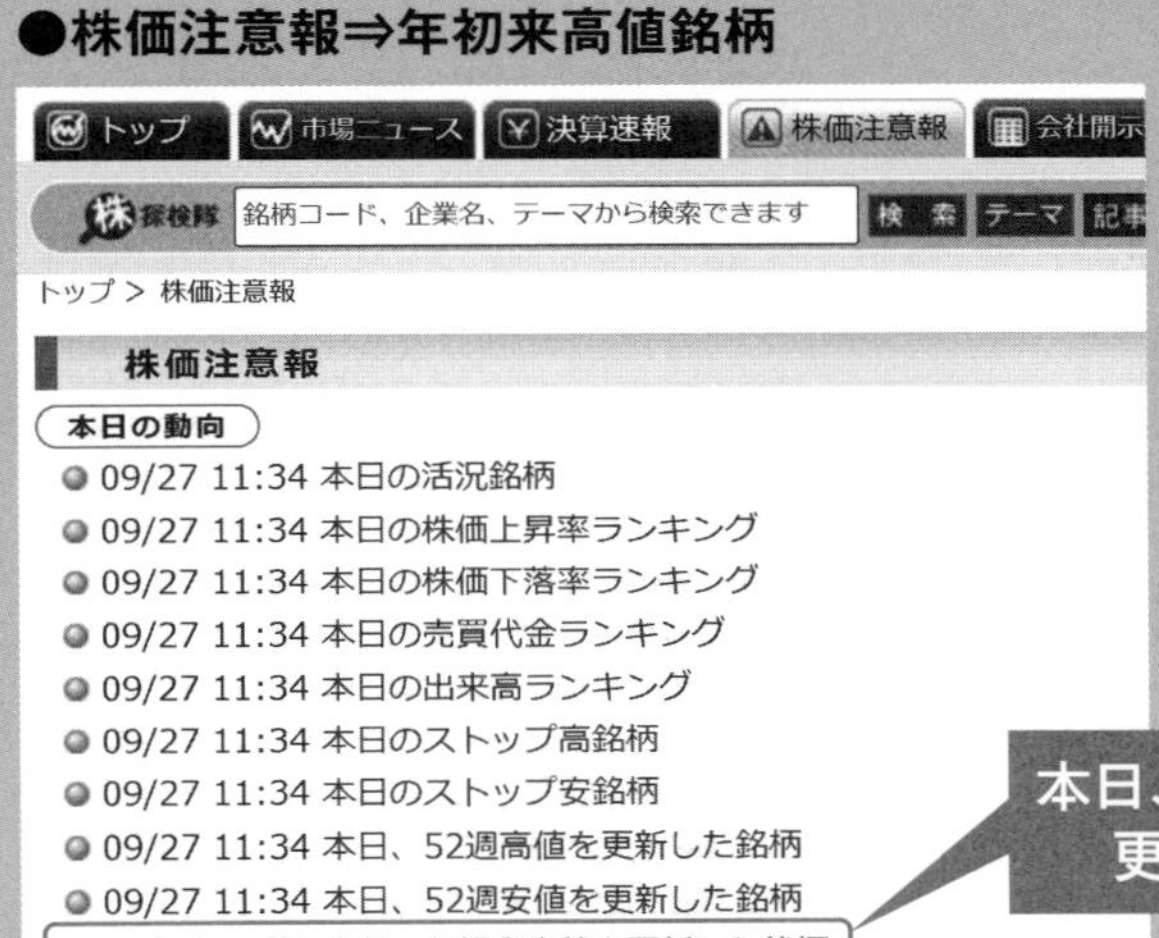

本日、年初来高値を更新した銘柄

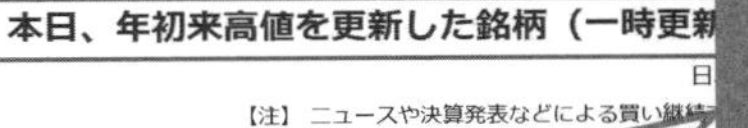

【注】ニュースや決算発表などによる買い

市場別：全市場 | プライム | スタンダード | グロース

時価総額別：全銘柄 | -50 | 50 100

2023年09月27日 11:37現在 8銘柄

コード	銘柄名	市場	株価	前日比		ニュース	PER	PBR	利回り
2936	ベースフード	東G	788	-9	-1.13%	NEWS	－	31.97	－
9168	ライズCG	東G	943	+52	+5.84%				
3723	ファルコム	東G	1,341	+10	+0.75%				
4418	JDSC	東G	1,379	-38	-2.68%				
7086	きずなHD	東G	1,947	+6	+0.31%				
7320	リビング保証	東G	2,777	-38	-1.35%				
9338	インフォR	東G	4,540	+120	+2.71%				
6026	GMOテック	東G	4,650	+155	+3.45%				

本日、年初来高値を更新した銘柄

市場別のところで「グロース」を選択すると該当するのは8銘柄、うち10万円で買えるのは2銘柄

ベースフードの株価は右肩上がり

ので、そこから「グロース」市場を選択します。グロース市場は、比較的規模の小さいベンチャー企業などが参加する市場です。該当銘柄が8銘柄出てきました。そこで株価の低い順にソートすると、1000円以下で買える「10万円株」は2銘柄ありました。

ベースフード（2936）は、完全栄養の主食を中心としたBASE FOODシリーズの開発・販売を手掛ける会社です。2023年に入り株価は右肩上がり、9月末時点で772円の株価を付けています。

さらにもう一度「本日、年初来高値を更新した銘柄」に戻り、今度はスタンダード市場を選択します。スタンダード市場はプライム市場とグロース市場の中間的な位置づけの市場です。スタンダード市場で該当するのは49銘柄、うち10万円で買えるのは23銘柄でした。これを株価の安い順にソートすると、日本精蠟（5010）、SEホールディングス・アンド・インキュベーションズ（9478／以下、SEHI）といった銘柄が出てきました。いずれも最近の株価は右肩上がりです（図47）。

ただし、直近の株価が右肩上がりでも、その背景を調べておくことは重要です。例えば日本精蠟の株価上昇の背景について、『株探』の銘柄ニュースには、「値頃感の強さや値動きの軽さで上値追い続く」という寸評が付いています。株価180円台という安さはたしかに「値頃感」がありますが、業績を見ると利益がすべて二期連続赤字で、買いの判断には迷うところです。

SEHIに関しては、PERが6倍台、PBRは1倍割れで、割安感が意識されるところか

図47　値上がりの見込める10万円株を探す

●年初来高値銘柄（スタンダード市場）

本日、年初来高値を更新した銘柄（一時更新も含む）

日本株年初来高値｜米国株52週高値

【注】 ニュースや決算発表などによる買い継続で、株価が年初来高値を更新した銘柄

市場別：全市場 | プライム | スタンダード | グロース

時価総額別（単位：億円）：全銘柄 | -50 | 50-100 | 100-300 | 300-1000 | 1000-

株価更新

2023年09月27日　11:54現在　49銘柄

コード	銘柄名	市場	株価	前日比		ニュース	PER	PBR	利回り
5010	日精蝋	東S	180	−36	−16.67%	NEWS	−	0.89	−
9478	SEHI	東S	302	+2	+0.67%	NEWS	6.6	0.76	0.99
7442	中山福	東S	367	+2	+0.55%	NEWS	17.3	0.33	2.72
9904	ベリテ	東S	415	0	0.00%	NEWS	19.8	2.50	4.84
2139	中広	東S	444	−5	−1.11%	NEWS	18.9	1.69	2.25
3241	ウィル	東S	467	+13	+2.86%	NEWS	8.6	1.29	4.28
5607	中可鍛	名M	484	+2	+0.				
3726	フォーシーズ	東S	532	+8	+1.				
1514	住石HD	東S	545	+4	+0.				
1777	川崎設備	名M	550	+1	+0.				
8594	中道リース	札証	620	+39	+6.				

スタンダード市場で該当するのは49銘柄、うち10万円で買えるのは23銘柄

●日本精蝋の株価（日足）　●SEHIの株価（日足）

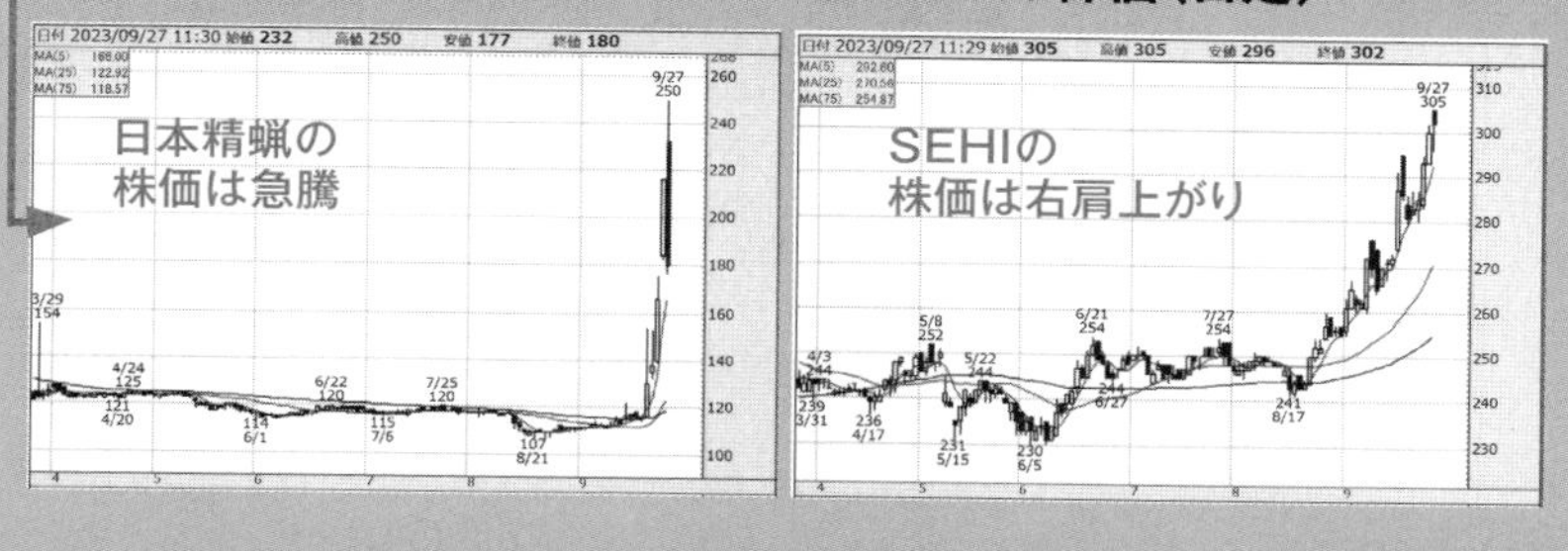

ら株価が上昇していましたが、自己株消却を発表した日に年初来高値を更新しました。自己株消却を行うと、発行済株式数が減少して1株当たりの価値が上昇しますので、株主が保有している株の価値が上がり、間接的に株主に還元していることになります。

これらの銘柄は必ずしも業績を反映したものではありませんが、やはりその株価の値頃感は魅力です。10万円で400〜500株と大量の株式を購入できますので、株価が高騰したときのリターンも期待できます。SEHIの場合は2023年9月の1カ月間で株価が約50円値上がりしていますので（9月27日時点で株価300円）、250円の時点で400株（10万円）買っていれば2万円のプラス、つまり1カ月で20％のリターンです。

また、高値更新銘柄を丹念に探していくと、業績の裏付けがあって株価が上昇している銘柄もあります。中央可鍛工業（5607）はトヨタ自動車などに自動車部品用向け可鍛鋳鉄を提供しているメーカーですが、取引先の自動車業界において、コロナ禍から続く供給制約が緩和されたことで、自動車生産台数の持ち直しが見られ、乗用車向け部品を中心に需要が回復、前年度比で大幅な増収増益となりました（図48）。

以上のような方法で、『株探』を使って成長の期待できる「10万円株」を探すことができます。もちろん、市場を「プライム」まで広げても構いません。ちなみに2023年9月27日時点で、同条件に該当する銘柄で最も株価が安いのは、株式分割したばかりのNTT（日本電信電話／9432）、株価は183.2円です。

図48　値上がりの見込める10万円株を探す

●株価の値動きだけでなく業績も確認する

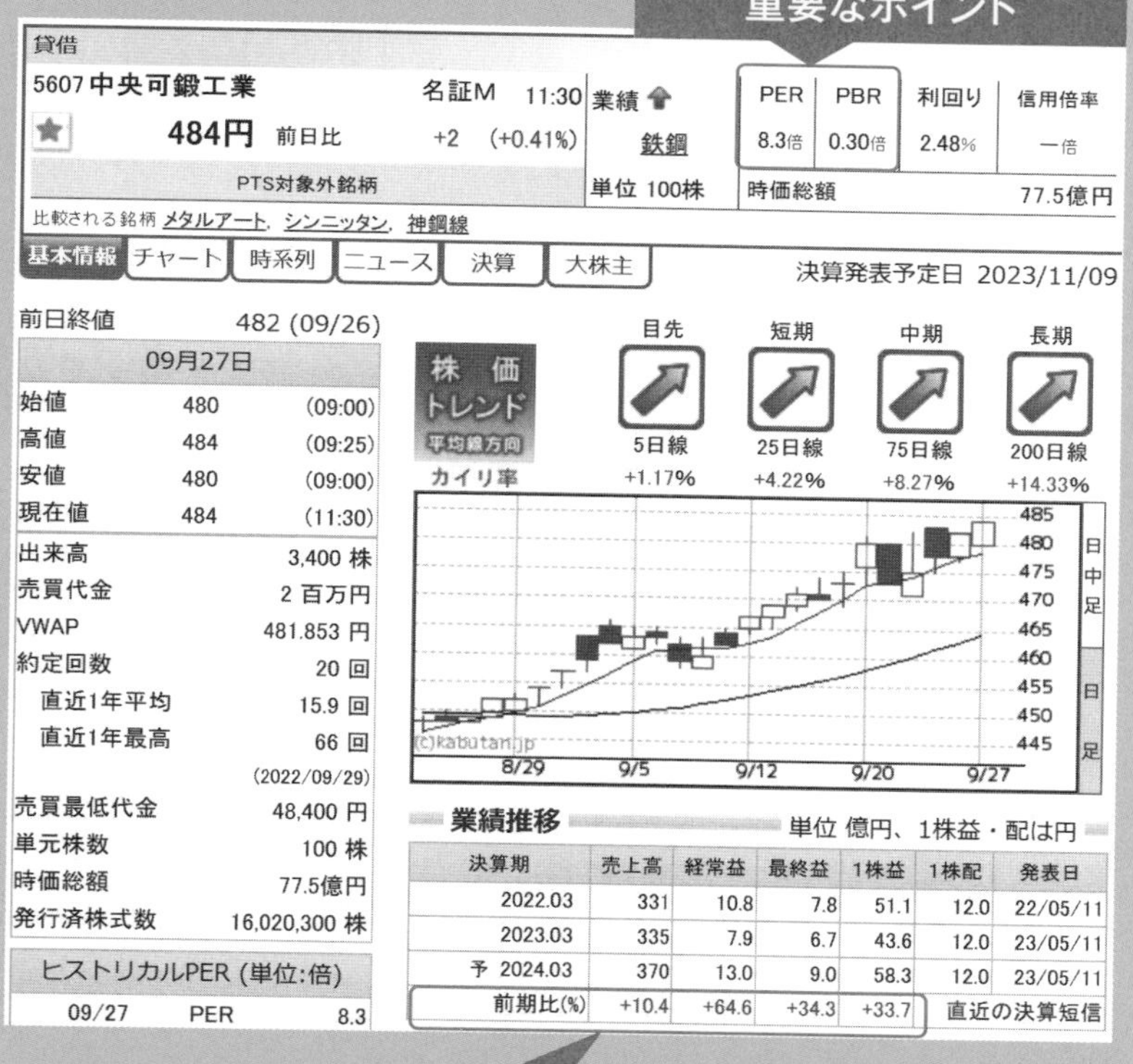

決算期	売上高	経常益	最終益	1株益	1株配	発表日
2022.03	331	10.8	7.8	51.1	12.0	22/05/11
2023.03	335	7.9	6.7	43.6	12.0	23/05/11
予 2024.03	370	13.0	9.0	58.3	12.0	23/05/11
前期比(%)	+10.4	+64.6	+34.3	+33.7		

『株探』コラムですご腕投資家の技を盗む

『株探』には、さまざまなコラムや特集記事も掲載されています。
投資経験の浅い投資家の皆さんは、億単位の資産を築いた投資家の投資法を学び、真似してみることも資産形成の近道かと思われます。

『株探』のプレミアム会員向けコラム「すご腕投資家に聞く『銘柄選び』の技」では、名前の通り「すご腕投資家」たちの投資遍歴や投資手法が紹介されています（図49）。

今まで我流で投資をやって損失ばかり出してきた投資家の方々も、さまざまな凄腕投資家の手法を学び、自分に合った投資法を見つけ出すことで、その後の投資ライフが大きく変わるきっかけになるかもしれません。

『株探』では、そのほかに無料で著名人の相場コラムや企業トップのインタビュー記事などを読むこともできます。例えば「『株探』珠玉の相場コラム」には、相場の展望やねらい目のセクター、スタートアップ企業の見つけ方などが、わかりやすく解説されています。また、トップインタビュー「企業トップが語る会社の魅力」では、注目企業の戦略や事業の強みなどが企業トップの言葉でわかりやすく語られていますので、銘柄選定の際の参考になることと思います。まずは気になった情報をざっと閲覧して「投資脳」を磨き、億り人への第1歩を踏み出していきましょう。

図49　億り人の投資手法を参考に!

●投資の知識が身につくコラムなど

すご腕投資家に聞く「銘柄選び」の技

コユケナードさん

— 安値拾いで、売買益とインカムの
安定収入を確保 —

第1回　「1粒で2度おいしい戦略」で億り人、学歴劣等感をバネに飛躍
(2023年09月05日)

New! 最終回　インカム戦略の前に、デイトレ&スイングで10倍、グロース&優待で10倍
(2023年09月06日)

MaCDOさん

— 配当狙いで大化け株もつかみ、
分散投資で億り人に —

第1回　配当を軸に銘柄を選んでいるのに、大化け株もゲットする技
(2023年08月16日)

第2回　あのスター銘柄を10年以上前に有望と見極めたP/LとB/Sの数字
(2023年08月17日)

最終回　高配当狙いのアメ株&タイ株、独自基準の組み合わせで元本2倍超え
(2023年08月18日)

PGN（ペン銀）さん

— ムードに翻弄されない
強みにこだわって10億円 —

第1回　40万円→3億円→1000万円の激動から10億円にしたサラリーマン投資家
(2023年08月07日)

第2回　昨年のダブスコ祭り、9月の暴落前に売り抜けて3億円を稼いだ必然とは
(2023年08月08日)

第3回　ソフトバンク絡みのイベントで全力集中買い、その成功の秘訣とは
(2023年08月10日)

最終回　いつ上がるか不明→常にフルポジ、無知にならない→集中投資
(2023年08月14日)

「市場ニュース」の
特集記事

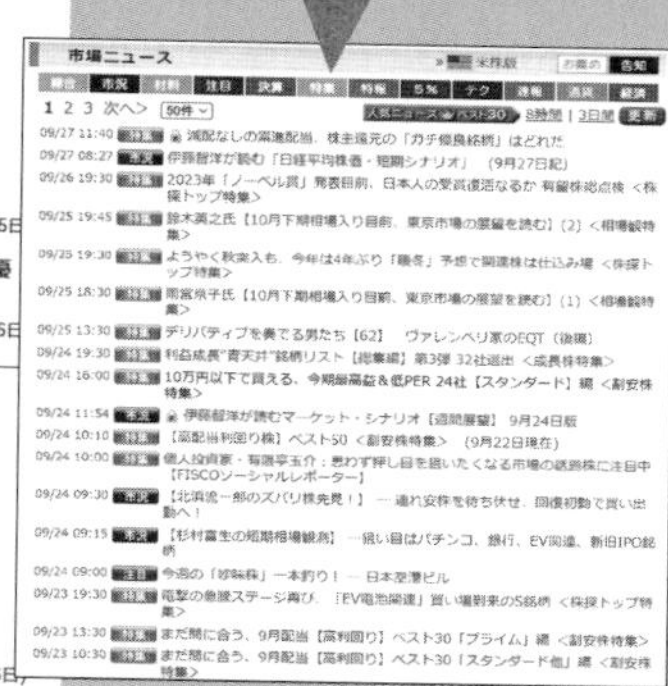

市場ニュース

1 2 3 次へ>

09/27 11:40 減配なしの高進配当、株主還元の「ガチ優良銘柄」はどれだ
09/27 08:27 伊藤智洋が読む「日経平均株価・短期シナリオ」（9月27日記）
09/26 19:30 2023年「ノーベル賞」発表目前、日本人の受賞復活なるか 有望株総点検 <株探トップ特集>
09/25 19:45 鈴木英之氏【10月下期相場入り目前、東京市場の展望を読む】(2) <相場観特集>
09/25 19:30 ようやく秋楽入も、今年は4年ぶり「厳冬」予想で関連株は仕込み場 <株探トップ特集>
09/25 18:30 雨宮京子氏【10月下期相場入り目前、東京市場の展望を読む】(1) <相場観特集>
09/25 13:30 デリバティブを奏でる男たち【62】 ヴァレンベリ家のEQT（後編）
09/24 19:30 利益成長"青天井"銘柄リスト【総集編】第3弾 32社選出 <成長株特集>
09/24 16:00 10万円以下で買える、今期最高益＆低PER 24社【スタンダード】編 <割安株特集>
09/24 11:54 伊藤智洋が読むマーケット・シナリオ【週間展望】 9月24日版
09/24 10:10 【高配当利回り株】ベスト50 <割安株特集>（9月22日現在）
09/24 10:00 個人投資家・有限亭玉介：思わず押し目を狙いたくなる市場の話題株に注目中【FISCOソーシャルレポーター】
09/24 09:30 【北浜流一郎のズバリ株先見！】— 連れ安株を待ち伏せ、回復初動で買い出動へ！
09/24 09:15 【杉村富生の短期相場観測】— 狙い目はパチンコ、銀行、EV関連、新旧IPO銘柄
09/24 09:00 今週の「妙味株」一本釣り！ — 日本空港ビル
09/23 19:30 電撃の飛躍ステージ再び、「EV電池関連」買い場到来の5銘柄 <株探トップ特集>
09/23 13:30 まだ間に合う、9月配当【高利回り】ベスト30「プライム」編 <割安株特集>
09/23 10:30 まだ間に合う、9月配当【高利回り】ベスト30「スタンダード他」編 <割安株特集>

トップ インタビュー

企業トップが語る会社の魅力

【特集】福証単独上場会社の会

New! 【IR】株式会社ネオジャパン 齋藤 晶議社長に聞く (2023年09月25日)

トップインタビュー バックナンバー

2023年08月14日 過去5年で最も成功した証券会社　米ウィブルグループ アンソニー・デニエーCEOに聞く
2023年08月02日 割安成長株が「本気出す」　サイバーバズ・高村彰典社長に聞く
2023年06月27日 博展 原田淳社長に聞く
2023年04月25日 「乃木坂46」ら擁し飛躍、ＫｅｙＨｏｌｄｅｒ 大出悠史社長に聞く
2022年12月21日 ＴＫＰ 河野貴輝社長に聞く
2022年11月29日 【IR】株式会社高速　　社長に聞く

企業トップが語る
会社の魅力

※「すご腕投資家に聞く『銘柄選び』の技」は
有料のプレミアム会員向けコラム

10万円株ではじめる!

超速で億り人になる株探㊙活用術

2023年11月15日　第1刷発行

著者

上岡正明／今亀庵／大陽線／たかゆき／テンバガー投資家X／はと55／Hey MUCHO

発行人

蓮見清一

発行所

株式会社宝島社

〒102-8388 東京都千代田区一番町25番地

電話：03-3234-4621（営業）／ 03-3239-0646（編集）

https://tkj.jp

印刷・製本　サンケイ総合印刷株式会社

Printed in Japan

ISBN 978-4-299-04883-7